談
虚ろ坂

神沼三平太
蛙坂須美

竹書房
怪談
文庫

※本書に登場する人物名は、様々な事情を考慮してすべて仮名にしてあります。また、作中に登場する体験者の記憶と体験当時の世相を鑑み、極力当時の様相を再現するよう心がけています。現代においては若干耳慣れない言葉・表記が登場する場合がありますが、これらは差別・侮蔑を意図する考えに基づくものではありません。

まえがき

本書は蛙坂須美と神沼三平太の共著となる。実話怪談作家は、他人が実際に体験したという怪異体験を津々浦々より聴き蒐《あつ》め、それを文章として書き起こし、それを以て読者を怖がらせたり、不思議がらせたりするという活動を行っている。

この活動、意外と心身に負荷が高い。喩えるなら、背負わなくても良い荷を背負い、歩む必要のないだらだらとした長い坂道を、際限なく上っていくことに似ている。しかも大概の場合、その坂の行きつく先は碌なことにならないと決まっている。

ただただ聴き蒐めたことを忠実に。ただただ自らを飾らない虚ろな心のまま。いつかあなたのところに辿り着けるまで。

しかし、この虚ろの重さ——実に生半《なまなか》ではない。

覚悟はいいですか。この生半ならぬ二人の荷を、次に負うて坂を歩むのはあなたご自身。

この本は年末年始に贈る、そんなささやかな嫌がらせ。どうぞお受け取り下さい。

神沼三平太

目次

◆蛙坂須美
◇神沼三平太

不明

深夜。
都内某オフィスビル。

来るな来るな、頼むから今日は来ないで。
降下するエレベーターの中で、ただ祈る。
ぐおんっ、と沈み込む感覚。
階数表示を見る。
三階。
扉が開く。
咄嗟《とっさ》に、閉ボタンを押す。

カン。

ハイヒールを履いた女が、陸上選手を思わせるフォームで全力疾走してくる。振り乱した髪、血走った目、げっそりとこけた頬。

バンバンバンバンバンバンバンバンバンバンバンバンバンバンバンバンバン。

がむしゃらにボタンを連打。意味はないが、そうせずにはいられない。

女があと数メートルに迫ったところで、扉が閉まる。

深夜零時を過ぎると、たまに出くわしてしまう。

あの女は何者なのか、他の人も同じ目に遭っているのか、真っ暗な廊下で、何故女だけがくっきりと白く浮かび上がって見えるのか。

もし捕まったら、何をされるのか。

一切分からないし、知りたくもないという。

息止め橋

「足を引っ張られて溺れるんですよ」

冨岡さんが小学校六年生の夏を境に、その川では水難事故が多発するようになった。

彼女の同級生をはじめとして、年下の知り合いや従兄弟達も、その川で溺れかけた。少なくとも現在までに一人が亡くなり、他にも病院に搬送された子供の数も片手の指では足りない。

溺れるのは決まって一本の橋の下だという。

「勿論《もちろん》今は遊泳禁止です。大人は、そこだけ急に流れが速くなるからだって言うんですけど、違うんです——」


彼女が小学校五年生の冬。確か年が明けて三学期が始まった頃のことだと記憶している。

彼女は中学受験をするために、進学塾に通っていた。授業が終わるのが夜の八時過ぎで、帰りにはそこに通う友人達と一緒にバス停まで移動するのが常だった。

その夜も普段と同じように友人達と雑談をしながら歩いていた。

そろそろ塾の受験体制も本格的なものになってきており、先生達がピリピリしているのが理解できた。来年には自分達もあの空気の中で過ごすのだ――。

そんな話をしていた。

目的地までの間には川があり、そこに架かる橋を渡る。

いつも歩いているので、その夜も特に意識することはなかった。

だが、橋の真ん中辺りにさしかかったときに違和感を覚えた。

急に首回りが苦しくなった。まるで何かに締め付けられているような感覚がある。

マフラーをきつく巻き過ぎたのかと、首に巻いたマフラーを外してみる。だが息苦しさは全く消えない。むしろ強まる一方だ。

一緒にいる他の友人達も、次々に立ち止まってマフラーを外している。

「何かすっごい息苦しくない？」

「首絞められてる感じ？」

「そうそう。何か気持ち悪い」

もしかしたら、川から有毒ガスのようなものが立ち上ってきているのではと、友人の一人が言い出した。

そういえば、自分が生まれる何年か前に、地下鉄で毒ガスが撒かれるという事件があったらしい。だが、こんな田舎町でそんなことが起きるだろうか。

しかし、一行はなるべく息を吸わないようにして、マフラーを口に当て、急いで橋を通り過ぎようと、早歩きで向こう岸を目指した。

橋を抜けると締め付けられる感覚がスッと消えた。

「あ、今消えた」

「何だったんだろうね？」

「やっぱり毒ガスだよ！」

「毒ガスかは分かんないけど——何か気持ち悪かったね」

冨岡さんがそう漏らすと、友人達も頷《うなず》いた。


「——途中の川で水死体が上がったって話、聞いた？」

橋を渡るときに息苦しさを感じた夜から三日後のことだ。

塾ではそんな噂で持ちきりだった。

「聞いた聞いた。真ん中くらいの橋桁に引っかかって、男の死体が浮いてたんだって？」

「もう結構前から橋の下に沈んでたらしいよ」

「それでさ、その死体と目が合っちゃった子がいて、今日も学校休んだし、塾も休んでるんだよね――」

ああ、死体と目が合っちゃうなんて、何て不運なんだろう。

冨岡さんはそんなことを考えたが、一方でそれは作り話かもなと思った。

だが、不意にあの首を締め付けられるような息苦しさが蘇った。

男は、あの夜も浮いていたのかしら。私達のことを見上げていたのかしら――。


「それ以来、そこを渡るときには、気を付けないと息ができなくて、意識を失いそうになるんです」

だからあの橋は、できるだけ使わないようにしている。どうしても橋を利用しなければならないときには、息を止めて急ぎ歩きで渡ることにしている。

あのとき一緒に橋を渡った友人達とは、今でも交流が続いている。

誰もあの橋を渡りたがらない。


水難事故は今年の夏も起きた。

助けられた子供達は、決まって、男に足を引っ張られたと泣きながら訴えるという。

飴おくれ

吾郎さんが小学生の頃の話。

友人と二人、下校中に土手沿いの道を通りがかると、進行方向から小柄な老婆が歩いてくるのが見えた。

「おいあれ、飴ババアだぜ」

友人が言った。

飴ババアというのは町内の変わり者である。

季節を問わずにベージュのコートと赤いマフラーを身に着けた白髪の老婆で、子供と見れば下は赤ん坊から上は中高生まで見境なく寄ってきては、

「飴いるかい？」

とポケットから出したベタついた飴玉を握らせようとしてくる。

今にして思えば認知症の徘徊老人だったのかもしれない。そうであれば哀れを誘う話だが、口さがない子供達は彼女を飴ババアと呼び、露骨に蔑んでいた。

酷い連中になるとより直截《ちょくせつ》な言葉でもってババアを愚弄《ぐろう》したり、受け取った飴玉を「こ

んなもん食えっかよ！」と目の前で地面に叩きつけたりしていた。それでも飴ババアはいつもニコニコと人の良い笑みを浮かべていたという。

ただ吾郎さん曰く、その日の飴ババアは「明らかに普通じゃなかった」。

まず第一に、いつもしているマフラーの結び方が不自然だった。見るからに苦しそうなのだ。

いい加減にぐるぐる巻きにしたのをぎゅっと固結びしたらしく、ちゃんと息ができているのか不安になるほどだった。

そして第二に、飴ババアは後ろ向きに歩いていた。

腰を落として両手を前に、足裏で砂利道を擦りながら、しかし意外にもスピードは尋常の歩行とそう大差ないのである。

ざりざりざりざりっ……と音を立てながら飴ババアが近づいてくる。

吾郎さんと友人は道の左右に分かれてその様子を見守った。

首の後ろで結ばれたマフラーの先が、風もないのに水平に伸びている。

まるで透明な誰かに引っ張られているようだった。

間近まで来たところで、吾郎さんは飴ババアが、

「きあああああああああああ……」

という黒板を爪で引っ掻くような、耳障りな声を上げているのに気付いた。

思わず両手で耳を塞いだが、友人は後退りする飴ババアをぼんやりと眺めている。

何処か悲しげな表情の飴ババアが少しずつ遠ざかり、ついには視界から消えた。

吾郎さんはそこでようやく今日は「飴いるかい？」と訊かれなかったことに思い至り、何故だか背筋がすーっと冷えていくのを感じた。

兎にも角にも飴ババアがいなくなってホッとした彼が友人の顔を見ると、神妙な面持ちで何事か考えに耽《ふけ》っている風情である。

「どうしたの？」と訊ねたところ友人は、

「知らなかったな、飴ババアがあんなふうに思っていたなんて」

常にない大人びた口調だった。

「どういう意味？」

吾郎さんの質問に、友人はややムッとした感じでこう答えた。

「通り過ぎるときに言ってたじゃない。『飴おくれ、あたしにも飴おくれ』って。飴ババア、泣きながらそう言ってたじゃない」

飴ババアが飴を欲しかったとは、完全に盲点だったな……等と呟きながら、友人は一人ふらふらと先に歩いていってしまった。

そのときの友人の魂の抜けたような顔が薄気味悪くて、吾郎さんは一緒に帰る気がもうせず、土手を下りた先の川でしばらく石切りをして遊んでいたそうだ。

小一時間して吾郎さんが帰宅すると、母親が慌てて駆け寄ってきた。

「佐賀さんとこの雄一郎君がついさっき電車に轢《ひ》かれて亡くなった」とそんなことを言う。

吾郎さんは「だからどうした」と思った。雄一郎君なんて名前には、全然聞き覚えがなかったのだ。

そう告げたところ母親は烈火のごとく怒り出し、吾郎さんの横面を張り飛ばした。

両親から打擲《ちょうちゃく》されるのはそう珍しいことではなかったが、そのときの勢いはとても子供に喰らわせる平手打ちのレベルではなかった、と後に吾郎さんは述懐する。現に彼はしばらくの間、左耳の聴力を失っていたらしい。

その後、雄一郎君とは何者か全く分からないまま、吾郎さんは両親に連れられて通夜に行った。

遺体の損傷が激しいとのことで顔を見ることはできなかったが、遺影に写っていたのは間違いなく、途中まで一緒に下校していた友人だった。

「あの子は雄一郎君なんて名前じゃないよ……」

帰り道、吾郎さんはそう訴えて、今度は父親からグーで殴られた。

涙目で頭を擦りつつも吾郎さんは、いつの間にか雄一郎君なんて名前になってしまっているに友人の本当の名前を思い出せないことに気付き、愕然としたという。


飴ババアに関して、その後の吾郎さんの記憶は曖昧だ。

友人（雄一郎君？）が亡くなってからも従前通り子供達に飴玉を配っていた気もする。あるいは姿を見かけなくなって少し経ってから、風の噂で死んだと聞いたようにも。

この取材を受けるに当たって吾郎さんは、両親や兄弟、何人かの幼馴染みに飴ババアのことを訊いてみたとのことだが、質問された人は皆一様に、飴ババアなんてそんな人物は見たことも聞いたこともない、と訝しげに答えたそうだ。

入れ替え坊主

葉介さんが小学生の頃というから、今から四十年ほど前の話である。

父の仕事の都合で、一年間だけ北関東の地方都市に住むことになった。

一家の住まいは、賃貸とはいえ二階建てのそれなりに広い家で、庭の片隅には小さな物置小屋があったという。

八畳ほどのスペースに、羽根の割れた扇風機、束になった古雑誌、綿のはみ出た布団、年季の入った郷土玩具などのガラクタが、埃をかぶって放置されていた。恐らくは貸し主か以前の住人が残していったものなのだろうが、両親が物故した今となっては何だったのかもう分からない。

「その小屋が妙に気に入って、しょっちゅう忍び込んでたんだ。別に何をする訳でもないけど、ボロ布団の上で漫画本読んだりね」

ただ、二つ年下の弟さんはその小屋を恐ろしがり、決して中に入ろうとはしなかった。

「それでちょっとしたお遊びというか、悪戯を考え出した訳」

当時、妖怪、怪獣、宇宙人の類にハマっていた葉介さんは、家にあった妖怪図鑑を参考に、その物置小屋に棲み着いているという設定の、オリジナル妖怪を考え出したのである。

「確かイギリスの妖精の話を参考にしたんだな。ええっと、人間の子供を攫《さら》ってその代わりに……えっ、チェンジリング？　なるほど、そういう呼び名があるのか」

数日掛かって捻り出した妖怪の名は、入れ替え坊主。

家の物置や納戸に現れ、子供を攫う。攫われた子は入れ替え坊主の世界に連れていかれ、第二、第三の入れ替え坊主に改造されてしまうが、泥でこしらえたコピー人形を置いていくので、その子が入れ替わったことには誰も気付かない。そんなような設定だった。

「なかなかよくできてるでしょ？　それであそこにはこんな妖怪がいるんだぞって弟に話したら、あいつ滅茶苦茶に怯えてさ。物置小屋を見るのも厭だとか、夢に入れ替え坊主が出てきたとか言ってたな。そのうち夜になると『入れ替え坊主が！　入れ替え坊主が！』って叫びながらひきつけ起こし始めて、手が付けられなくなっちゃった」

弟さんの恐慌は、一家がその家を出るまで続いたらしい。


それから三十余年、胃癌で没した母の後を追うように父もこの世を去った。

葉介さん達兄弟はいずれも独身で、両親を亡くしてからは、折に触れ、お互いの家を行き来するようになった。

「お前、あの物置小屋のこと覚えてるかあ？」

ある晩、いつものように二人で杯を重ねている最中に、葉介さんはそんな質問を投げかけた。

「んん……物置小屋ぁ……？」

弟さんのほうでは、既に大分酔いが回っている。

「入れ替え坊主だよ。お前、えらい怖がってただろうが？」

「入れ替え坊主ぅ？　……何それ？」

「いやいや、とぼけるなよ。そんな妖怪が小屋の中にいるって話を、俺がしたことあっただろ？」

「……兄貴、記憶違いしてないか？」

「は？」

「物置小屋、確かにあったよ。でもさ、入れ替え坊主なんて話、俺は全く記憶にない。それにあの小屋を怖がってたのは」

——俺じゃなくて、兄貴だったろ？

兄貴、どうしてか知らんけど、あの物置小屋を見るのも厭だって。

よくお袋に訴えてたよ。中に怖いおっさんがいるんだって。

今日も夢にそのおっさんが出てきたとか、しょっちゅう泣きべそかいてたよな。ひきつけ起こしたこともあったんじゃない？


——あ、ヤバい。何か思い出してきちゃった……。


あの日、お袋は買い物に出っててさ。

俺達二人は家でかくれんぼしてたんだ。

そのときは兄貴が鬼だった。俺は二階の子供部屋で、押し入れの中に隠れてた。

でもいつまで待っても、兄貴はやってこなくて。

変だなあと思ってたら、いきなり叫び声がしたんだ。

庭からだった。断末魔みたいな、物凄い悲鳴だったよ。

それで恐る恐る窓から覗いたら、おかしなもんがいた。

坊主頭のおっさんだった。

俺の角度からだと後ろ姿しか見えなかったけど、ボロボロの黒い着物を着てたと思う。

ひょっとして、あれ袈裟《けさ》だったんじゃないかな？

そのおっさんが兄貴の首根っこ掴んで、ずるずるずる……って引っ張っていくんだよ。

兄貴は引き摺られながら、ギャン泣きしてた。

俺は全身ガチガチで、一歩も動けなかった。

でもその光景から目が離せなくて、しまいにおっさんと兄貴が物置小屋の中に消えて引き戸が閉まって。


——こんなこと、どうして今まで忘れてたんだろ……？


「弟の奴、それからはもう何を聞いてもダメ。青い顔して震え出しちゃってさ。よく覚えてないとか、勘違いだと思うとか、そんなふうに取り繕ってたけどね。多分だけどまだ話してない、というか話せないことがあったんじゃないかな？」

そう言って葉介さんは目を細めた。

弟さんの取材もさせてほしい、と頼んでみたのだが。

「それは無理だね。あいつとは絶縁しちゃったから」

「え？」

「いや、俺がどうこうした訳じゃないよ。一方的にあいつのほうから連絡断ちやがってさ。住んでた部屋もいつの間にか解約して、今じゃ何処で何してるんだか、皆目分かんないの」

「はあ、そうなんですか……」

「それにしても」と葉介さんは続けた。

「俺の『入れ替え坊主』と弟の『怖いおっさん』、一体どちらが正しい記憶なんだろうね？　俺は勿論自分の記憶に自信を持ってるけど、万が一、弟の見た光景が現実のものだった場合、それはつまりどういうことになるんだろうか？」

——そんなふうに考えると、何だかえらく厭ァな気分になるんだよね……。

屋根首

「首だけってのは見ることがありますよ」

井上さんはしばらく考え込んだ末に、そう答えた。彼は五十代後半の男性で、普段は電気工事を請け負っている職人だという。

怪異体験を集めていると、得体の知れない生首を目撃したという話はよく耳にする。その正体は大抵が美容院のカット練習用のマネキンだ。それを棒の先端に付けて、案山子《かかし》代わりにしていることがあるのだ。勿論分かっていればそんなものに騙されることはない。しかし、知らずに初めて見ると確かにギョッとする——最初はそんな話かと思っていた。

「まぁ、生首だよね。生首。生首がさ。鉄塔に登ってるんですよ」

丘陵地帯ということもあってか、井上さんの家の近隣には、送電鉄塔が何本も建っている。それに生首が上っているというのだ。

ゆっくりゆっくりと、まるで枝を這う蝸牛《かたつむり》のように鉄塔の表面を上っていく。音もしなければ、動きも遅いこともあって、周囲の人間は誰も気付かない。

井上さんが気付いたのも偶然だった。

ある日、鉄塔の近くにある病院で診療を受けた。いつも通り高血圧の薬の処方箋を貰ったが、最寄りの薬局は酷く混んでいた。仕方がないので一服しようと喫煙場所を探しているうちに、鉄塔のすぐ側に出てしまった。

誰もいないし、ここで吸えばいいかと、煙草に火を点けた。

その直後、何処からか視線を感じた。ルール違反を咎《とが》められるのではないかと、井上さんは視線の主を探して首を巡らせた。すると鉄塔の上から見下ろす生首と目が合った。

そのときの井上さんは、この首は煙草を吸いたいのだろうかと思ったという。しかし相手は生首だ。それでも何故か恐怖は感じなかったらしい。

生首は、一本吸い終わるまでジッと見ていたが、彼が携帯灰皿に吸い殻を入れたのを確認すると、ぷいと視線を外し、また上を目指して移動を始めた。

「そんでね、俺はもう、やたらその首のことが気になってしまったんですよ」

井上さんは、今はもうニコチンは吸ってないんですけどねと、言い訳のようなことを口にしながら、加熱式煙草を咥えて煙を吐き出した。


次にその首を見たのは、近隣の地主の家の屋根だった。

「地元だからさ、大体どの家にどんな人が住んでるとかって、みんな知ってる訳です。俺もあまり他人と関わるのは好きじゃないけど、そりゃ大きな地主の家ぐらい分かりますよ。その家の屋根にいたのよ。顔が同じだから、ああ、あいつだ。何やってんだって思ってたらさ――」

数日後には、その家の子供だか孫だかが、池に落ちて亡くなったらしいという話が聞こえてきた。

「まぁ、気の毒だけど、そういうことってあるからさ。そうしたら、また一週間とかしたら、首が鉄塔に上ってんのが目に入って。うん。別の鉄塔。おお、元気でやってんなぁって妙に嬉しくなっちゃったんです」

やっぱ俺、おかしいのかなと呟いて、井上さんは首を振った。

「まぁ、でも知り合いが元気そうなのはいいことじゃんね」

その意見には概ね賛成ではあったが、今回ばかりは同意して良いものかどうか、少々戸惑われた。

それから後も、井上さんは度々生首に出会うことになる。

あるときは、しばらく見ないなと思っていると、営業で出かけた隣の市の鉄塔で見かけた。

大分遠出をするものらしい。

更に数日後、首は自治体の境目に建つ、赤い瓦の家の屋根に乗っていた。

その生首を見かけた夜に、井上さんは友人達との飲み会で、この一連の生首の話をしたという。

「やっぱ俺がおかしいんですかね。そんな話したらみんなにドン引きされちゃいまして。でも中の一人——木村って奴なんですけど——がその赤い屋根の家のことをしつこく訊くんですよ。どうしてそんなに気にするんだって逆に訊いてみたら、そこの家の人を知ってるっていうんです。奥さんの友達だって」

つまり、生首が知り合いの知り合いの家の屋根に乗っていた、ということらしい。

それから一週間と経たずに、木村さんから井上さんに電話が掛かってきた。例の奥さんの友達が、癌で入院したという話だった。

「——でも俺、全然ピンとこなくて。いや、直接の知り合いが病気になったとか、元気そうだとかなら分かりますよ。でもその人の奥さんの友達って、もう他人でしょ。だから俺には全然気持ちが分かんないんですよ。そりゃ気の毒だな、くらいは思いますけど、そのときはもう俺に酷い言葉を投げつけてくる訳ですよ。死神だとか言われちゃって」

井上さんが幾ら自分のせいではないと言っても、木村さんは井上さんが悪いと繰り返した。

「俺、あの首のせいだと思うんだけどさ。俺のせいじゃないよ。知らないよ」

面倒なので、早口で捲し立てて電話を切った。


次に生首を目撃したのは、木村さんから電話を受けて、数カ月経ってからだった。

「お、久しぶりだなって思ったら、その首が鉄塔から空に向かって飛んだんだよね。それでさ、木村の家の屋根に乗っちゃった。その瞬間を見ちゃってさ。そのとき、ああ、あれはダメな奴なんだなって。俺が追いかけてったりしたら、何か俺まで色々ダメになりそうな気もしたんだよね」

木村さんは、それから数日後に、工事現場でフォークリフトに挟まれて大怪我を負ったらしい。

「――木村のことは気の毒だし、俺もやだなって思ってはいますよ。でも何か、何ていうのかな。凄いスッキリしたし、あの首が元気にやってんなって思うと、ちょっと嬉しくなるんですよ。本当にちょっとだけですよ。本当ですよ」

井上さんは、満面の笑顔で、そう念を押すように繰り返した。

即席スポット

最初は缶コーヒーだった。

その場所で事故死した仲間を弔うために、バイク仲間が置いたのだ。

亡くなった仲間は人望もあったのだろう。時を待たずして、歩道と車道の間にある縁石の上に缶が何本も並んだ。

「それがうちの高校のすぐ側だったんですよ」

瞳さんは当時のことを思い出して眉間に皺を寄せた。

缶コーヒーの列は段々規模が大きくなっていった。誰がエスカレートさせていったのかは分からない。次第にぬいぐるみや子供が遊ぶ玩具が並び、そこをぐるりと囲うように木の板が張り巡らされ、ついには小ぶりのお社のようになった。

それは異様な光景だったという。

側から眺める分には、まるで古くからの道祖神かお地蔵さんでも置かれているのではないかという状態が、一週間と掛からずに出現してしまったのだ。

「近所の人が何で撤去しなかったのかなって思うんですが、多分バイクのチームの人が怖かったんでしょうね。でも、あたしの親友の彼氏がそのチームにいたんで話を聞けたんですけど、その人たちも、そこまで大袈裟にするつもりもなかったらしいんです。だから、それをやってたのが誰なのか、みんな知らないんですよ」

時間の経った今でも全くの謎で、近隣の誰も知らないのだという。

ただ、最終的には誰が持ち込んだものなのか、お社の中には、真っ赤なスプレーが全身にふきつけられたお地蔵さんが置かれていた。それは瞳さんも目撃したことがある。

新しいものではなかったので、きっと何処かのお地蔵さんを持ってきたのだろう。

石造りのお地蔵さんということは、重さも数十キロから百キロ以上はあるはずだ。一体誰が持ち込んだのか、何故色を塗っているのか。相変わらず理由は一切不明である。

ただ、そのお地蔵さんが建ってから、交通事故が連続するようになった。

バイクの死亡事故が二件と、横断歩道もない場所を渡ろうとした歩行者を轢いたことによる死亡事故。これがひと月の間に立て続けに起きた。

お地蔵さんは、死亡事故が起きないように置かれることが多い。だから、これは大変に皮肉なことだった。

今はもうその社も、お地蔵さんも存在していない。

多分、事故が連続したことが原因で警察が撤去したのだろうと、瞳さんは説明を付けた。

「ただ――終わってないんですよね」

相変わらずその道では事故が多発している。

死亡事故も続いているからだろう。やけに眩しい街灯が新たに設置され、ドライバーの死角を作りそうな街路樹も伐採された。だが、それらの努力を嘲笑うかのように定期的に事故は起きている。

更に瞳さんの言によると、夜中にその前を車で走ると、路肩に何人もの黒い影が並んでいるという。

「何か目的があって、あんなことをしたとしか思えないんですよね――」

瞳さんはその道を使わないようにしている。

顛末を知る近隣の住人も同様だという。

心霊写真のおじさん

高校三年生の夏休み最終日、ナナさんは友人達と近所の公園で花火をした。そこで一夏の記念にと撮った写真が、心霊写真だったのだという。

当時はまだ折り畳み式が主だったケータイを自転車のハンドルに固定し、横並びになって撮影した。

「……これ、どうなってるの？」

撮れた写真を一目見て、その場の全員が硬直した。

列の左端で中腰になりピースサインを作っているナナさんの姿が、消しゴムで乱暴に擦ったように霞《かす》んでいる。

それだけなら光学的な説明が付きそうに思えるが、奇妙なのは、そのナナさんにかぶさるようにしてもう一人のナナさんが写っている点であった。

もう一人のナナさんは、頭部を左側に向けて上体を後方に反らせ、足裏と手で地面を支えていた。

所謂《いわゆる》、ブリッジの姿勢である。

残像というにはあまりに鮮明だし、そもそも運動神経の鈍いナナさんは、ブリッジなんてできた試しがない。

おまけにその日のナナさんの服装は白いブラウスに黒のパンツという地味なものだったが、ブリッジをしているほうの彼女は、お笑い芸人がバラエティ番組のロケ中に着ていそうな、緑色のツナギみたいな服を纏っていた。

最初こそ驚いたものの、しばらく見続けているうちに、ナナさん以外の者達はちょっとおかしくなってきてしまい、

「ひょっとしてドッペルゲンガーって奴？」

「それ、見たら死ぬんじゃなかった？」

「というか、この服、何？」

「そもそも、何故にブリッジ？」

ああだこうだと口々に言い交わしている。

とはいえ当のナナさんとしては不気味なことこの上ない。

厭だな、気持ち悪いな、と暗澹《あんたん》とした気分になっていると、リコという友人がこんな提案をしたそうだ。

「もう一回撮ってみようよ。今度はナナだけで」

「えっ！　どうしてそうなるの⁉」

「まあまあ、それで次もまたおかしかったら、今度こそ本気でヤバいって話じゃない？　試しにもう一回、ね？　もう一回だけ！」

薄情なことにリコの発言に他の友人達も同意し、結局、嫌がるナナさんを近くにあったブランコに座らせ、シャッターを切った。

その写真にも、やはり奇妙なものが写り込んでいた。

今度は手だった。

不安げな面持ちでブランコに腰掛けたナナさんの頭上に、恐らくは男性のものだろう、筋張った手が浮かび上がっている。その手はまるで「いい子いい子」をするように、ナナさんの頭頂部に置かれていたという。

「どう？　いい写真撮れた？」

突然、背後から声を掛けられた。

振り向いた先にいたのは、髭面の中年男性だった。全体に垢じみた風貌で、よれよれのTシャツにジーンズ姿、腰には黒のダウンジャケットを巻きつけている。端的に、浮浪者めいた風貌ではあった。

このおじさん、一体何者だろう？

警戒したナナさん達は、露骨に不審な眼差しを向けた。

「いやいや、別に怪しいもんじゃないよ。君達、さっきから花火なんかして楽しそうだったからさ。いいなあ、若いなあ、青春だなあ、って思って、ちょっとサービスしてあげたんだ」

邪気のない笑みを浮かべながらそう話すおじさんの呼気は、強烈に酒臭かった。おまけにそれとは別の、汗と小便をカクテルにしたような臭いも鼻を衝いた。

それにしても「サービス」とはつまり、今撮れたばかりの、この心霊写真のことだろうか？

ナナさんがそう訊ねると、おじさんは「うんうん」と首肯した。

「僕ねえ、こう見えて特殊な力があるんだよ。写真を撮るときに念を送ると、決まってこういうのが写る訳。凄いでしょ？　凄くない？　凄いよね？　特別にもう一回、今度はおじさんが撮ってあげようか？」

嬉々として饒舌《じょうぜつ》に話し出したおじさんを見て、ナナさんは「この人、頭がおかしいんじゃないの？」と恐怖を覚えた。

友人達も流石にもう関わり合いになりたくないのか、

「へえ、そうなんだ……」

「能力者じゃないすか……」

と明らかにテンションが下がっている様子だ。

が、先ほどナナさん一人の写真を撮ることに拘泥していたリコだけは「凄い！　凄い！」と盛り上がっている。

「あたし、撮ってもらおうかな」

ナナさんは仰天したが、止める間もなくリコはおじさんにケータイを渡してしまう。

「それじゃあ、適当にその辺に立ってくれる？」

おじさんはそう指示すると、胸の前でハートマークを作るリコに向け、シャッターを切った。

「撮れてる？　撮れてる？」

おじさんからケータイを受け取り、画面に視線を落としたリコの笑みが凍りついた。

遅れてそれを見たナナさんと友人達も言葉を失った。

リコの顔がなかった。

心霊写真によくある、被写体の首から上が消えている、といったものではない。

リコの顔面がまるでミキサーに掛けたように崩れ、真っ赤な肉の塊になっているのだ。

目鼻の場所すら定かではなく、唯一、口だけは大きく開かれて、どす黒い舌と数本の歯が覗いていた。

「ゲーッ」と喉を鳴らして、リコはケータイを取り落とした。

そのままトイレのほうに向かって駆け出したが、数メートルも行かないうちにうずくまり、激しく嘔吐してしまう。

友人達が一斉に駆け寄るも、ナナさんはあまりの衝撃に足がすくんでしまい、動くことができない。

「ああ、これはやっちゃったなあ……」

ぽりぽりと頭を掻きながらおじさんが言った。

「あの写真、何なんですか……」

震える声でナナさんが訊ねる。

「まあ、多分だけどあれはねえ……」

おじさんがこちらを向いた。

仕事でちょっとしたポカをしたとでもいうような、情けない苦笑を浮かべている。

「ああいう死に方」

一言呟くと、おじさんは踵《きびす》を返し、千鳥足で歩き去ってしまったそうだ。

夏休みが明けても、リコは登校してこなかった。

電話もメールも通じず、担任の教師からは「体調を崩して入院している」と聞かされたが、その口調からは困惑が感じられた。

リコは卒業式にも姿を見せなかった。

大学進学を機にナナさんは上京し、地元の友人とは疎遠になった。

一度、成人式の日に顔を合わせた友人が「あの子、今でも入院してるらしいよ」と言っていた。それも所謂、閉鎖病棟にいるとのことだったが、勿論、噂の域を出ない消息であり、ナナさんにも正確なことは分からない。


その一件以来、ナナさんは写真を撮られるのが怖い。

無駄

「なあ、お前いい加減にしろよ」

隣でうんこ座りをしている晃が言った。

「ああ？　何が？」

訊き返して達也はちびた煙草を空き缶の中に落とす。

「何って、さっきからブツブツ言って……気味悪ぃんだよ」

「ブツブツ？　俺が？」

「他に誰がいるんだよ」

時刻は午前二時。場所は近所の駐車場。

周囲に人気はない。

「イヤホンから音漏れしてんじゃねえの？」

「……いや、俺のじゃない。……けど、あれ？」

聞こえる。

モゴモゴと口の中で何事かを呟いているような。

「何か喋ってる」

「電話でもしてんのか？」

「何処で？　誰が？」

「知らねえよ。……でもこの声……」

「え？」

「上のほうから……」

見上げて、硬直した。

空中の何もない空間に正座した和服の男が、二人をジッと見下ろしていた。

男の顔は、台風が通った後のように滅茶苦茶だった。


達也は一人、電信柱にもたれ、肩で息をしていた。

目の前には、彼の住まうアパートがある。

確かあのとき、晃とは殆ど同時に駆け出した。

遮二無二走ったせいで、何処ではぐれたのか分からない。

スマホを見遣る。晃からの着信はない。

アパートに向かい、よろよろと歩きながら電話を掛けた。

外階段を上り、二階の自室に入る。

鍵とチェーンを掛けたところで、電話が取られた。

「あ、晃！　お、お前平気か？　俺、き、気付いたら、アパートの前にいて……」

「……ても……なん……」

不明瞭な呟き。

「え？　何だ？　何言ってる？」

「にげ……むだ……だよ」

「よく聞こえねえよ。……晃、大丈夫なのか？　なあ、晃！」


——逃げても無駄なんだよ。

部屋の中から男の声がした。

ポリ袋

紅葉さんは、夜中に何かを掻き分けているような、ガサガサという音で目が覚めた。時計を確認すると午前三時前だ。音の出所は隣室とを隔てる壁の向こう側だ。どうやら隣の住人がまた何か得体の知れないことをしているのだ。諦めて布団を被る。その音は明け方まで続いた。

隣の住人は、溜め込む癖があるらしく、カーテンもない窓には、中身が透けたゴミ袋が押し付けられた状態で積み重なっており、室内の様子を窺《うかが》うことはできない。

食べ残しがそのままになったコンビニ弁当の容器、スナック菓子の袋、インスタントラーメンのカップ、煙草の吸い殻、潰された缶酎ハイの缶、得体の知れない液体の入ったペットボトル、宅配されたピザの箱、くしゃくしゃになった大量のティッシュペーパー、成人向け雑誌の断片、元が何だったか分からないシミだらけの布——。

それが目に入るたびに臭いも伝わってくるように思えて、嫌な気持ちになる。だが、下手に文句を言って揉めるのも怖い。隣の住人は、傍目にも話が通じそうな人物とは思えなかった。以前、ドアが開いていたときに偶然中を覗いてしまったが、彼は下着も身に着けず、布団も被らずに寝ていた。彼の周囲にはゴミ袋が天井まで積み上がって、室内は薄暗く、まるで洞窟のようにも思えた。

何だか隣人が文明以前の穴居人のような気がした。

春先だからまだいいけど——。

気温が上がれば害虫が湧いて酷いことになるのは、火を見るより明らかだ。


夜中のガサガサ音は、一週間ほども続いた。

そんなある夜のことだ。寝ていると、ガサッという音が、すぐ耳の真横から聞こえてきた。驚いて目を覚まし、慌てて周囲を窺う。だが常夜灯のオレンジの頼りない光の下では、特に異常はないように思えた。

今のは隣室で何かをしている音ではなかった。明らかに室内から聞こえたのだ。

泥棒でも潜んでいるのかと、しばらく耳を澄ましていたが、音は何も聞こえない。

ここしばらく続いていた、明け方までの騒音も収まっている。

——念の為に、戸締まりだけは確認しておこう。

布団から立ち上がる。室内に音の出るようなものはないはずだ。

そのとき、二枚のカーテンの隙間に白いものがあるのが目に入った。コンビニで買い物をしたときに買える、大きめのレジ袋に洗濯物か何かを詰めて口を縛ったものに思えた。

慌てて蛍光灯を点けた。

白いはずの袋が、妙にくすんだ色に変色している。

——煙草のヤニの色だ。

これは隣の部屋から来たゴミの袋だ。そう直感した。

戸締まりはきちんとしている。だから侵入は物理的にはありえない。頭では分かっている。分かっていても、確信がある。

恐る恐る手を伸ばす。縛られていると思った口は実際には縛られてはおらず、ただ捻られているだけだった。

中身は何だろう。

袋の口を少し開くと、中から大ぶりの黒いものが幾つも飛び出してきた。

ゴキブリだ。

ひっと息を呑み、手を引っ込める。

揃って部屋の隅を走っていく害虫とポリ袋へ交互に視線を送る。だが、咄嗟のことで頭の中が真っ白になり、どう対処していいのかが分からない。

そうだ。殺虫剤！

以前買っておいたものが下駄箱に置いてあったはずだ。

ポリ袋の中には、まだ何匹も残りがいるのだろう。

どうにかしなくては。

途方に暮れていると袋の中身が、まるで生きているかのようにごろりごろりと動いた。

中身が袋の口から覗く。

小ぶりの虫に集《たか》られた顔が、こちらをジッと睨んでいた。

それは腐りかけた隣室の男の顔だった。


紅葉さんには、そこからの記憶がない。

目覚めると朝になっており、例の袋は何処にもなかった。自分の横に殺虫剤の缶が転がっていたので、きっと害虫と格闘したのは確かなのだろう。

夢なのか現実なのか、よく分からない。

ただ、朝の光に相応しくないような、饐《す》えた臭いが鼻にこびりついているような気がした。

――隣人はもう死んでいる。きっと腐って、臭いも酷いことになっている。

そんな確信があった。だが、関わりたくなかった。

悪いことだとは思ったが、彼女は黙っていることに決めた。

半月後、隣の部屋で男性の遺体が発見された。

紅葉さんの聞いた話では、遺体は全ての孔から液体を垂れ流し、またそこから昆虫が入り込んで〈凄いこと〉になっていたらしい。

餌に不自由のない何種類もの害虫が、数世代に亘って繁殖し続けた結果、アパート中が虫の巣になっているとのことだった。

今、彼女は丸々と太った害虫の群が頻繁に現れる部屋で、引っ越し費用をどうしようかと頭を抱えている。

肴

「母から聞いた話です――」

そう前置きして、翠さんは自宅のすぐそばで起きたという話を教えてくれた。

彼女の母親が、年末の買い出しの帰りに、近所の神社の脇道を歩いていると、境内に白い狐が座っていた。

普段からその道は生活道路として使っているが、狐、それも白いものを見たのは初めてだった。最初は犬かとも思ったが、立ち止まって観察する限りでは、耳の大きさといい、鼻先の細さといい、尾の太さといい、普通の犬ではなさそうだった。

駅からも近く、人通りも多い地域だ。野良猫なら世話している人が近所にいるのは知っているが、野良犬や、ましてや白狐がいるだろうか。

母親は、週に一度か二度、散歩がてら神社にお参りをする。なので狐がいること自体にも違和感があったらしい。

その神社では、境内にお稲荷さんを祀っていないからだ。

だが、その日はそれ以上踏み込むことはなかった。買い物帰りの荷物も重かったし、それよりも〈触らぬ神に祟りなし〉という言葉が心に浮かんだからだ。

翌晩、町内会で忘年会があった。そこで、母親は昨日神社で白い狐を目撃したという話をした。

すると、翠さんが小学生だった頃のママ友の一人が、話に食いついてきた。どんな姿だったか、どんな大きさだったか。自分はお狐様に憧れているのだと、次々と捲し立てた。

その熱量に、周囲の人も視線を逸らすほどだったという。

今までも別段積極的に話をする関係ではなかったが、これからは今まで以上に距離を置いたほうがいいかもしれない。

忘年会から帰ってきた母は、翠さんにそう漏らした。

「あの神社にあったよ！　お稲荷様！」

元旦から携帯に電話が掛かってきた。例のママ友からだった。初詣に行ったついでに、隅々まで境内を探して回ったらしい。すると境内の片隅に、小さなお稲荷さんがあったというのだ。

「しっかりお参りしてきたわ。白いお狐様がいないか、これからも毎日見て回る予定なの。それじゃね！」

正月早々けたたましいにも程がある。

今年の初詣は少し時期をずらそう――。

こちらこそが、触らぬ神に祟りなしだ。

その年、翠さんの家は、初詣にその地域の一宮まで足を延ばした。

松も明けた頃、町内会長の奥さんから声を掛けられた。

「明けましておめでとうございます」

「あら御丁寧に。今年もよろしくお願いします――ねぇねぇ、あの奥さんの話、もう御存じ？」

「どうかしたんですか？」

あの奥さんが誰を指しているか、ピンときた。例のママ友だろう。

「あの人、元旦から熱心に神社に通ってらしたけど、何か狐にとり憑かれたらしいわよ。床の上にお皿を置いて、手で御飯を食べてるって」

町内会長の奥さんは、そう耳打ちするると、ニコニコしながら頭を下げていってしまった。

——そんなこと、わざわざ知らせてくれなくてもいいのに。

親切心なのか、悪意なのか。恐らくは後者だろう。それが意図してのものなのかどうかまでは分からなかったが。

——他人の不幸をシェアして悦びましょうよ。

——何ならあなたも不幸を呼び込んだ手前、私達のいい肴なんですよ。

町内会長の奥さんの表情が、そう嗤っているようで、肌が粟立つ。


「母は、その後で神社にも行ってみて、そこを管理している大きな神社に問い合わせもして、本当にお稲荷さんが祀られてるか調べたらしいんですよ。でも、そこの神社にはお稲荷さんは祀っていないって——」

では彼女は、一体何を見て、何に向かって拝んだのか。

「母は、きっとあの人、黙ってたけど、何かやったんだろうって言ってます。それが何かは分からないんですけど——その年末以来、何か背負わされちゃった気がして、うちの雰囲気もとっても暗くなっちゃって。これからどうしたらいいのか、よく分かりません」

例のママ友の家は母子家庭で、母一人、子一人の家庭だった。

翠さんが街ですれ違う、かつての同級生の顔は、ずっと思い詰めたような表情だという。

狐面

好美さんは中学生の頃、塾の帰り道で通り魔に遭遇したことがある。

尤《もっと》も被害に遭ったのは好美さんではなく、彼女の数メートル先を歩いていた別の女性だった。

曲がり角からいきなり飛び出してきた男が、目の前の女性にタックルをかましたのだ。

ぶつかられた女性は「うっ」と低く唸って横倒しになった。男はそのまま好美さんの反対方向に走り去ったという。

「大丈夫ですか⁉」と駆け寄った好美さんは、絶句した。

女性の脇腹から、夜目にも鮮やかな赤い液体がどくどくと流れ出ていたのである。

女性は苦悶のため目を見開き、歯を食い縛りながら意味の取れない言葉を喚き続けていた。

好美さんはパニックになりかけながらも、何とか救急車を呼んだ。


一方その頃。

リビングでテレビを観ていた好美さんの両親は、玄関のドアがコンコンとノックされる音を聞いていた。

どうやら誰かが訪ねてきたらしいのだが、インターホンを鳴らさず、わざわざノックする意味が分からない。

ひょっとして不審者では？

そう考えた両親は、恐る恐るドアモニターのスイッチを入れた。

玄関先に立っていたのは、縁日で売っているような狐面を着けた人物だった。

着ているものから察するに、女性のように見える。

二人同時に叫び声を上げると、狐面の女はカメラにずずっと顔を近づけてきた。

「入れて、ねえ入れて、入れて、ねえ入れて、入れて、ねえ入れて、入れて、ねえ……」

無機質な声でそう繰り返す。

あまりの不気味さに両親は震えあがり、すぐに一一〇番したが、警官が到着した頃にはもう影も形もなかったそうだ。

通り魔に出くわした好美さん。

それと同時刻に現れた狐面の女。

この二つの出来事に果たして関係があるのかどうかは、好美さんには勿論、筆者にも分からない。

傷害事件の目撃者になった好美さんはその後、警察から事情聴取を受けたが、刺された女の安否すら教えてはもらえなかった。

但し後年、両親が「そういえば……」と語ったところによると、狐面の女の背格好や服装は、当時の好美さんに大変よく似ていたということである。

ぐるぐる

昔の彼女が突然おかしくなったのだと、柴崎さんは打ち明けてくれた。

深夜にメッセンジャーアプリで「何か変」「怖い」「顔が見えない」「顔が回ってる」と、当時付き合っていた瑠夏から不安になるようなメッセージが矢継ぎ早に入ってきたので、心配になって電話を掛けた。だが本人は出ずに留守番電話に切り替わってしまう。

位置情報を調べると自宅にいるようだ。柴崎さんは彼女の住むマンションへと車を飛ばした。

合い鍵を渡されていたので、直接部屋に乗り込んだ。

瑠夏はトイレに籠もっていて声を掛けても出てこない。とにかく安全を確保しながらも様子を確認したかった。

スマートフォンは居間のテーブルに置かれている。これでは受けられない訳だ。

何度か声を掛けていると、彼女はふらつきながらトイレから出てきた。憔悴《しょうすい》し切っている様子だが、それにしても何処かおかしい。

瑠夏は両目をぐっと閉じたまま、手探りで廊下を歩いていた。

「大丈夫か」

「目隠ししてここから連れ出して」

理由はよく分からない。よく分からないが、彼女なりの言い分があるのだろう。なので言われるがままにタオルで目隠しをして外に出た。

彼女のマンションのすぐ隣の敷地には、広い公園がある。そこがいいと懇願するので、暗い中を手を引いてゆっくりと移動した。

腰掛けたいとのことなので、ベンチまで誘導する。彼女はまだ目隠しを外そうとしない。

一体何があったのかと訊くと、鏡が怖いのだとべそをかきはじめた。

「鏡を見たら、自分の顔の中に、私ともう一人の二人分の顔がギチギチに詰まってたの」

そのもう一人とは、帰宅の際に駅ですれ違っただけの女性だという。

過去に面識はない。

年齢は四十代から五十代。ピンク色のワンピース姿だが、胸よりも腹が出ているのが目立っていた。一言で言えばブサイクで、その上化粧もせず、髪も脂っぽく、肌は荒れてくすんでいた――。

若く、容姿も人並み以上で、ボディメイクにも積極的で、化粧にも着る服にも隙を見せないようにしている瑠夏とは、正反対に思えたという。

帰宅してコンタクトレンズを外そうと洗面所に行き、鏡を覗いた。するとその女が自分の顔の中にいた。それも、自分の顔のパーツを押し除《の》けるようにして、顔に占める面積をぐいぐいと広げようとしている。

このままでは自分の顔を乗っ取られる――!!

瑠夏はパニックに陥った。

だが、どの部屋に移動しても鏡が置かれている。逃げ場がなかった。

鏡に映る自分の顔の中で、太った女がにやにやと笑みを浮かべていた。

最後に駆け込んだのはトイレだったが、幸いそこには鏡がなかった。

「ここ、周りに鏡ない？」

怯えた声で、瑠夏は訊ねてきた。

「大丈夫だ。周りに鏡はないよ」

公園の入り口にはカーブミラーがあるが、更に奥に入った場所にあるベンチなので、カーブミラーは背面しか見えない。

「よかった――」

彼女はタオルを外して、柴崎さんの顔を覗き込んだ。

直後、表情が恐怖に染まった。彼女は絶叫した。

「そこにあの女がいる！」

彼女は柴崎さんを指差して叫び声を上げると、その場を駆け出していった。

柴崎さんは追いかけようかとも思ったが、追いつけそうな速度ではなかったので、思案の末、彼女の部屋に戻ることにした。

正気に返れば、自宅に戻ってくるだろうと考えたからだ。

部屋に戻ると、テーブルの上には彼女のスマートフォンが放置されたままだった。

これでは位置情報も追跡できない。

そもそも、彼女は自分の携帯の番号を覚えているだろうか。

瑠夏の部屋には固定電話もない。

さて、どうしようか。

柴崎さんは考え込んだ。

今から警察に行って、保護してもらえるように頼めるだろうか。

いや、幾ら付き合ってる彼女だからといって、そこまで責任を負うべきだろうか。

こちらも明日には仕事があるのだ。

明け方になって、まだ連絡が取れなかったら帰ろう――。

彼は自分の恋心が既に冷めていることに気が付いていた。

進展があったのは、家に戻る車の中だった。

このままでは寝不足で仕事も満足にできそうにない。

――会社に連絡しなくちゃなぁ。

そんなことを思いながら赤信号が変わるのを待っていると、携帯電話に着信が入った。

瑠夏からだった。

柴崎さんは迷ったが、通話を受けることにした。

ハンドオフ通話で、車のスピーカーから瑠夏の声が聞こえる。電波の状態が悪いのか、声が小さくて何を言っているのかよく分からない。

「瑠夏、あれから大丈夫だったの？」

そう声を掛けた直後、電波状況が回復し、スピーカーから彼女の声が響いた。

「ぐるぐるぐるぐるぐるぐるぐるぐるぐる――」

彼女は普段よりも甲高く、聞き取れないほどの速度でそう続けた。

一体、いつ息継ぎをしているのか分からない。

「ごめん。信号変わったから、電話切るよ」

柴崎さんは、努めて冷静に対応すると電話を切った。全身を鳥肌が包んでいた。

だが彼には、彼女との関係を完全に切るほどの勇気はなかった。一方で積極的に連絡も取りたくなかった。

幸い、瑠夏からの連絡はしばらくなかったが、ひと月ほど経った頃に、留守番電話に彼女からのメッセージが入っていた。

「――三人目が死んだ人の顔で、四人目も死んだ人の顔で。ぐるぐるぐるぐるって顔が入れ替わって。それが始終言い合いをしているから、きっとあたしはもうあなたに会えません。ごめんね。ぐるぐるぐるぐるぐるぐるぐるぐる顔が変わるから。ぐるぐるぐるぐるぐるぐるぐるぐる――」

以来、彼女からの連絡はない。

オニハラレイカさん

怪談好きのヒナコさんという女性は以前、飲み会の席で小耳に挟んだ怖い話が印象に残り、帰宅してすぐメモ帳に記録しておいたそうだ。

程なくして、同じく外で酒を飲んでいた夫のサトシさんが帰ってきた。

ほろ酔い気分のサトシさんは冷蔵庫から缶ビールを取り出し、リビングで飲み直し始めた。それでヒナコさんは「こんな話を聞いたよ」と、つい先刻までメモ帳にまとめていた怪談を披露したのだという。

最初は、ふんふん、と聞いていたサトシさんだったが、話が進むにつれ、顔色が青褪《あおざ》めてきた。

「待って。その話はちょっとまずいと思う」

そんなことを言って、ヒナコさんを遮った。

「ええっ、怖かった？」

ヒナコさんの問いにサトシさんは首を振る。

「そうじゃなくて、それってオニハラレイカさんの話じゃないか」

「えっ、誰？」

「オニハラレイカさん」

ヒナコさんが聞いた怪談というのは、大体においてこんな内容だったらしい。


あるカップルが深夜、心霊スポットとして有名な廃校に肝試しに出かける。

そこでは以前、若い教師に弄ばれた挙げ句捨てられた女生徒が屋上から飛び降りたとされており、その幽霊が出ると専《もっぱ》らの噂だったのである。

二人は深夜の校舎を散策する。懐中電灯を頼りに進み、屋上へと続く階段の前まで辿り着いたところで、彼女のほうが「声が聞こえない？」と言い出した。

彼氏にはそんな声なんて一切聞こえない。

そう伝えると彼女は目をつむり、物音一つしない闇の中でジッと耳を澄ませていたが、

「あ、そうか。私を呼んでるんだ」

と言うが早いか、あっという間に階段を駆け上がり、屋上の扉を開け放った。

彼女の後ろ姿が闇に飲み込まれるのを、彼氏は見た。

慌てて駆け寄ってみたが、屋上の扉には厳重に鎖で封印がなされ、一体どうやって彼女

が外に出たのか、彼氏にはまるで分からなかった。

彼女の行方はその後、杳《よう》として知れない。

「この話の何処にオニハラレイカさんなんて人が出てくるの？」

「いや、それって僕の地元で実際にあった話で、実はまだ続きがあるんだ」

缶ビール片手に、サトシさんは滔々《とうとう》と語り始めた。

「その廃校自体は今はもう取り壊されてしまったけれど、そこで昔、女性徒の飛び降り自殺があったのは本当。肝試しに行ったカップルがいて、彼女がいなくなったのも本当。但しこの話の肝は、彼女を失った彼氏のほうなんだ。その一件以来、彼氏は精神を病んでしまったんだな。それで日がな一日外をうろついては、こんなことを叫ぶようになった」

サトシさんはそこで言葉を切り、一つ咳払いをすると、

「オニハラレイカさーん！　オニハラレイカさんはいらっしゃいませんかー!?」

突然、大声でそんなことを言い出したのでヒナコさんは椅子から転げ落ちそうになった。

「ちょっと！　やめてよ！」

ヒナコさんの制止を意に介さず、サトシさんは叫び続ける。

「オニハラレイカさーん！　いるんでしょー!?　聞こえてるんでしょー!?　無視しないで

ください！　ねえ！　オニハラレイカさんってばー！」

「ねえ！　ほんともうやめて！　御近所迷惑だし、そういうの怪談的に邪道だから！」

「すみませーん！　オニハラレイカさーん！　出てきてくださーい！　いますよねー！

オ！　ニ！　ハ！　ラ！　レ！　イ！　カ！　さーん！」


「はい」


部屋の隅から声がした。

振り向くと、マグロの中落ちを人型に捏ね合わせたようなものが立っていた。

それがこちらに一歩踏み出した途端、公衆便所にフローラル系の香水をぶち撒けたような悪臭がヒナコさんの鼻から脳天まで突き抜け、彼女は失神した。

意識を失う直前、サトシさんが大笑いする声を確かに聞いた。


翌朝、ヒナコさんはリビングのソファーの上で目を覚ました。

サトシさんはと見れば、ワイシャツ姿のままテーブルに突っ伏している。

卓上にはビールの空き缶が転がっており、昨夜繰り広げられた狂乱の痕跡といえばそれくらいだ。他に異常はない。

夢だったのだろうか、とヒナコさんは思った。

きっとそうだ。

昨日あんな話を聞いたせいで怖い夢を見たのだ。

そうに違いない。

サトシさんを揺すり起こすと、しきりに「頭が痛い」と繰り返していた。

「そんなに馬鹿飲みした訳でもないのになあ」

などと言いながら頭痛薬を飲み、さっさと仕事に出かけてしまう。昨晩のことはおくびにも出さなかったので、やはりただの夢だと納得した。ヒナコさんのほうでも敢えて水を向けたりはしなかった。

何か大事なことを忘れている気がした。

洗濯機を回し、掃除機を掛けている最中に「あっ」と声が出た。

ソファーの下から出てきたメモ帳を、ヒナコさんは恐る恐る開く。

昨日記録したはずのあの話は、何処にも見当たらなかった。

しかしメモ帳の最後の頁には小さく、

〈鬼〉

という字が書き込まれており、それは確かにヒナコさん本人の筆跡だったということである。

コンビニ

昭和の終わり頃、コンビニが現在ほど店舗数も多くなかった時代の話。恵子さんの知人の三浦さんは、地方ではまだ珍しいコンビニを営んでいた。

もの珍しさもあったが応援したいという気持ちもあって、店舗には恵子さんだけではなく、友人達もよく遊びに行っていた。

店舗を経営し始めて三年程経ったある日、友人の裕子からオーナーの三浦さんが店内で首を吊って亡くなったとの一報が舞い込んだ。恵子さん達は急いで駆けつけた。

遺書もなく、知り合いの誰かに悩み事を話したこともないようで、彼の自殺の理由は分からず仕舞いだった。

そのコンビニは改装という名目で一旦閉店したが、数週間後には、同系列のコンビニが居抜きのような形で新装オープンした。事情は分からないが、恐らく本部からのテコ入れがあったのだろう。

ただ、もう知人が店長ということもないので、それ以降は恵子さんも友人達も、積極的にその店に寄るということはなかった。コンビニは、緊急の用がなければスーパーマーケットより割高であり、彼女達には別段必要なかったという事情もある。

ただ出かけたときに、店舗前を車で通過することがあれば、その様子は気にしていた。

ある日、友人達と件のコンビニの話になった。

「三浦さんのお店、前よりも暗くない？」

それが単に恵子さんの気のせいなら、友人達は否定してくれるだろう。しかし、皆口を揃えて雰囲気が悪いと文句を付け始めた。

何となく、お店の照明が暗く感じる。

何となく、薄暗くて嫌な雰囲気だ。

口々に言い合ううちに、浩子が漏らした。

「あたしは近所に他にコンビニがないから使ってるけど、正直なところ、あまり行きたくないんだよね。三浦さんがいたときから雰囲気はちょっと暗かったけど、今の店長になってから、バイトもバタバタ辞めてってさ、あの店、何かあるんじゃないかなぁ」

恵子さんには自分の抱いていた印象と、浩子の発言が、あまりにも重なっていることが気持ち悪く思えた。


それから半月程が経った。

友人達と遊びに行くために車を走らせていると、例の店の前に「新装オープン」の垂れ幕が下がっていた。

こんな短期間に新装オープンが続くだろうか。待ち合わせた友人達に話を切り出すと、浩子が眉を顰《ひそ》めた。そこで何か知っているのかと話を振ったところ、二代目の店長も店で首を吊って亡くなったとのことだった。

友人達は、それを聞いて、三浦さんが怒っているんだと騒ぎ始めた。

前オーナーの四十九日も終わらないうちに、縁もゆかりもない人が店を乗っ取ったようなものだから、祟られたって仕方がない。三浦さんの怒りも尤もだ——皆目を三角にして怒り出したのが恵子さんには想定外だった。

——詳しい事情も知らずに、ここまで怒れるものかしら。

ただ、不幸は止まるところを知らなかった。

三代目オーナーも三カ月と経たないうちに店内で首吊り自殺。

三浦さんが亡くなってから一年と経たずに、後続の二人のオーナーが全く同じ状況で命を絶った。

それからその店舗は、しばらくの間営業を中止していたが、それからも店長が変わるたびに一年と保たずに首を吊った。

浩子の家の近所では、あのテナントで店を開くと三浦さんの祟りで皆死ぬのだと噂になっていたらしい。


それから二年経った。

恵子さんは友人達で集まって、三浦さんの三回忌にと、コンビニの敷地の目立たない場所に花を手向けに行った。

すると、恵子さん達に少し遅れて上品な服を着た年老いた女性が現れた。彼女は恵子さん達を見ると、深々と頭を下げた。

「以前、うちの息子と仲良くして下さってた方々でしょう。忘れずにいてくれてどうもありがとうございます――」

三浦さんのお母さんらしかった。確かに生前の彼の面影がある。

彼女は息子の墓参の帰りとのことだった。その足で、息子が命を絶ったこの場所を訪れ、冥福を祈ることにしたのだという。

「本当は、この場所を訪れるのも忌々しいのだけど」

にこやかな表情とは裏腹に、彼女は強い感情を裡《うち》に秘めているようだった。

――あのね。あの子も私も、騙されてこんなことになったのよ。

三浦さんのお母さんは、堰《せき》を切ったように、息子がどうして命を断たなければならなかったのかを説明し始めた。

この土地は元々三浦家の所有だったという。

ある日、コンビニをやらないかと営業がやってきて、フランチャイズ契約を結んだのはいいが、経営が上手くいかなかった。そこで何度も本部に相談をしても、息子のやり方が悪いと無下にされ続けた。

新商品の入れ替えや季節のイベントなどのノルマが多く、更にコンサルタントとやらがやってきては、毎月のフランチャイズ料だけはむしり取られ続け、結局実家の財産にまで手を付ける羽目になったという。

三浦さんは悩んだ末に、店内で首を吊って亡くなり、その後、保証金だけでは足りないからと、店の建っているこの土地ごと本部に奪われてしまったというのだ。

語り続ける老女の目は既に焦点が合っておらず、全身の筋肉が強張っているのは、握りしめた拳の様子からも窺える。

その怒りの強さに、恵子さんも友人達もその場を逃げ出したかった。だが老婆の鬼気迫る様子に、その場を離れる訳にもいかず、語る内容が支離滅裂になっても、口角泡を飛ばす老婆の言葉に耐え続けた。

恵子さんは、強い呪詛を聞き続けると、人は生理的に吐き気を覚えるということを、そのとき初めて知った。

最後に老婆は、妙に穏やかな笑みを湛《たた》えて歌うように言った。

「だからね、この土地も建物のことも、ずっと呪っているの。誰が何をやったって上手くいく訳がないでしょう。私が生きているうちには、何人もここで幸せになんてなってもらったら困るもの――」

あんなに静かで狂気に満ちた笑みは、四十年近く経っても忘れられない。

老婆との邂逅《かいこう》の数年後に建物も取り壊されたので、何か決着が付いたのだろうと考えているが、今もそこは更地のままで誰も手を入れている様子はないという。

痛話

「入院していたときに、酷かったんですよ」

山田さんは四十代後半の男性だ。

年末年始と、癌の手術で入院していた。正月にも家に帰れない。不安な気持ちを抱えて過ごしていた。

働き盛りだ。だが、このまま自分が死んだら、家族はどうなる。自分にはまだ小学校低学年の子供がいる。どんどん不安が込み上げてきて、最悪の事態が頭にちらついた。

しかも不安を煽るのは自分の病状だけではなかったという。

「その病室にね、時々変なのが出たんですよ」

彼の言う〈変なの〉は、しばしば彼の不安を煽った。

勿論医療関係者でも入院患者でもない。彼は〈変なの〉と口にしたが、それの何が変なのかを聞かせてくれるかと頼むと、目を何度も泳がすようにして考えた末に、「多分信じないと思うけど、話すくらいならいいかぁ」と、それの話をしてくれた。

「俺が入院してた部屋が、どうもベッドが足りなかったか何だったかよく理由は分からないんだけど、みんな長く入院している人ばかりでさ。これがまた人がよく死ぬんだよ」

全員が癌を患い、入院期間も長期に亘る患者ばかりだったという。

見舞い客も疎《まば》らで、本人達も色々なことを諦めているという空気を纏っていた。

「ああいうのは、周りにも伝染するのかね。とにかく部屋の空気がやたらと重いんだよ。部屋に入った瞬間に、蛍光灯が少し暗く感じるくらい」

なので山田さんは、できればその部屋から移動させてもらいたかったのだが、何度訴えても、空きができたら手続きしますからとあしらわれるばかりだった。

「結局退院するまで、移動させちゃくれなかったよ。差額ベッド代を払えば、個室に入れたのかもしれないけど、値段が上がるしなぁ」

そして夜寝ていると、毎晩のように金縛りに遭った。検査や投薬で身体が疲れているのに、この先のことを不安に思って、脳が眠れていないのだろう――山田さんはそう考えていた。彼は幽霊もオカルトも信じていない人間だった。〈変なの〉に出会う前までは。

ある夜、不意に目が覚めた。

今何時だろうと時計を確認しようとすると金縛りがきた。

また😀。いつものように少し放っておけば解けるだろう。

そう思ったが、普段の金縛りとは少し違っているように思えた。ただ、何処がとははっきり言語化できない。

「今夜は田中さんが死ぬよ。痛いって言うかな。痛い痛いって言うかな」

不意に何かが耳元で囁くように喋り始めた。幼い子供のような甲高い声だ。

頭が枕に固定されているため視界の端でよく見えないが、どうも首がすぐ真横にあって、それが声を出している。そこまでは分かった。

だが、これは何者か。徘徊している患者が迷い込んできたのか。確か子供は入院していなかったはずだが——そうなると誰だ。

確認できる範囲だと、カーテンも開いていない。するとカーテンの下の隙間から四つん這いで入ってきたのか。

「田中さんが、痛いって言うの、聞きたいなぁ」

一際大きな声に、山田さんはぞくりとした。

確かに同室には田中という男性の患者がいる。山田さんが入院するよりもずっと以前から入院しているらしい。

彼が全快して、病院を退院することはない——だろう。

親族や友人が彼の元を訪れたのを見たことはない。

「痛いって言うよね。我慢できないよね」

こんな迷惑なことはない。

「あんたも聞きたいだろ。他人が痛い痛いって涙を流すのをさ」

こいつは何を言ってるんだ。

文句の一つでも付けてやろうと思ったが、身体が動かない。

「今死んだよ。でも痛いって言わなかったね」

「言わなかったね」

「言えばよかったのに」

声はベッドの周りじゅうから聞こえてくる。

一体何人いるのか分からない。

「残念だね」

「残念だ」

「また今度だね」

その声を聞いた直後に、身体が軽くなった。先ほどまで横にいたはずの頭は、もう消えていた。慌てて時計に目をやると、三時四十五分だった。

全身脂汗で寝巻きがぐっしょり濡れている。

疲労感でやたらと身体が重い。ずっと緊張していたのだろう。

ナースコールのボタンを押すと、看護師が飛んできた。

田中さんのことを告げると、カーテンの外に出ていった。

結局、彼は亡くなっていたようで、明け方に病室から運ばれていった。

処理をされる音が漏れ聞こえてくる。

山田さんは一晩眠れなかった。

自分の身のすぐそばに死が訪れている。それが恐ろしかった。

だが疲労もあって、明るくなる頃に一旦意識が途切れ、気が付いたときには田中さんのベッドはもぬけの殻だった。

結局、彼の親族が来たのか来なかったのかも知らない。そんなものなのだろう。


「看護師が言ってたけど、死んでも二十四時間は火葬できないんだってね。それでさ、その病室で俺が入院している間に、同じようにして亡くなった人が三人いるんだ。そりゃ季節も冬だし、爺さんばかりだし、そういうこともあるのかもしれないけどね。ただ閉口したのは、毎回俺のところに〈変なの〉が来るんだよ」

二回目まではナースコールを押した。しかし、三回目は押すことができなかった。何故自分が同室の患者が死んだことを知っているのか、変な疑いを持たれたくなかったからだ。

「〈変なの〉はさ、毎回とにかく痛いって声を聞きたいらしくてさ。聞きたいだろって何度も訊いてくるのさ。それで——」

山田さんはそこで一旦話を中断した。先を話そうか話すまいか迷っているのが分かる。

「まぁ、正直なのは大事だわな」

目を泳がせ、一分ほど迷った末に、彼は何か覚悟を決めたように口にした。だが、その表情には奇妙な笑みが浮かんでいた。

「一回俺も聞きたいって答えちまったんだよ。それ以来、俺も誰かが痛いって言うのを、たまらなく聞きたくなっちまってなぁ」

〈変なの〉の話をしているうちに、山田さんの表情が次第に変化しているのは、こちらも気付いていた。明らかに彼は何かを堪えていた。それがどうやら限界を超えつつあるのも伝わってくる。

彼は、ちょっと待ってねと言って、鞄からスマートフォンを取り出し、そこから延びている白いイヤホンを片方の耳に突っ込んだ。

途端に恍惚《こうこつ》とした表情を浮かべる。

音量が大きいのか、ぶら下がるもう片方のイヤホンから、山田さんの聞いている音声が漏れ聞こえてくる。

「痛い痛い痛い痛い。お父さんやめて！　痛いっ！　助けて！　お父さん！　痛い！　助けて！」

耳を疑ったが、明らかに子供の絶叫だった。

彼は別れ際まで、片耳にイヤホンを嵌めたまま、半ば夢現《ゆめうつつ》のような状態だった。彼はそのまま、挨拶もせずに胡乱《うろん》な表情で席を立ち、ふらつく足取りで街中に消えていった。

ケーブルテレビの営業

元芸人の栗田という男は、事務所を退所して現在の職に就くまでの一時期、ケーブルテレビの営業をしていたことがある。

「給料は悪くなかったけど、もう二度とやりたかないねえ」

手酌でビールを注ぎながら、栗田はぼやいた。

当時、彼が担当していたのは関東のとある地域で、そこには生活保護受給者や外国人労働者が多く住んでいた。

「要するに治安が悪い。で、そういうところには決まって新人が行かされる訳」

現に栗田の同期で、訪問先のドアを開けた瞬間に、待ち構えていた男に包丁を突きつけられた者もいたという。

「変な人はたくさんいるよ。ゴミ屋敷なんて当たり前過ぎて飲み会で話すネタにもならない」

一番強烈だったのは？　と訊くと、そうねえとしばらく考えて、

「ボロアパートの一室でニシキヘビを放し飼いにしてた奴かな」

アナゴの天ぷらを箸で持ち上げて、そんなことを言う。

「部屋の中にぶっといゴムホースが転がってるのよ。邪魔だなあって跨《また》いだら、いきなり足に巻きついてきやがった」

骨が折れるほどの力で締め上げられたが、飼い主の男は「噛まないから、噛まないから」と声を上げて笑っていた。

ただ栗田曰く、そういう連中からは案外「契約が取れる」のだという。

「ニシキヘビを横抱きに寝てるような奴らだからな。良くも悪くも、金銭や時間の感覚がルーズなんだ」

聞けばそのニシキヘビ男からも動物系チャンネルの契約を取ったとのことで、なかなか商魂逞《たくま》しい男なのである。

それならお化けの話はどうかと水を向けてみると、あるある、と身を乗り出した。

四階建ての古いアパートだった。

薄茶色の建物一面にびっしりと蔦《つた》がまといつき、いかにもヤバい住人が居着いていそうな外観ではある。

尤も外観のボロさと契約が取れるか否かは、必ずしも関係しない。これまでの経験で、栗田はそう確信していた。

「ここだと思った場所には、事前にアンケート用紙をポスティングしておくの。それで在宅時間を確認するんだけど、馬鹿正直にケーブルテレビの営業です、なんて書きやしないよ。御自宅の電波状況を無料でチェックします、って口実で家に上げてもらって、そこからセールスを始める訳」

アンケートによれば、そのアパートの四〇一号室には、一人暮らしの五十代女性が入居していた。

「一人暮らしの、特に女性の場合、向こうの趣味嗜好《しこう》を見極めさえすれば、契約は割と取れちゃうね」

まずはこの部屋から攻めるか、と栗田は気合いを入れて外階段を上がっていった。

階段は赤錆だらけで、至る所に踏み抜かれたような穴があり、危険極まりない。

一階から三階までの共用スペースには腐ったようなビニール傘や何十年前のモデルかも分からない洗濯機、前輪のない子供用自転車、枯れ果てた鉢植えなど、様々なガラクタが放置されていた。これもまた、この界隈では見慣れた光景である。

最上階まで上り、四〇一号室のインターホンを押した。

直後、勢いよくドアが開いて、栗田は仰け反った。

「出てきたのは、まあアンケート通り五十歳くらいのおばさんだったんだけどね。驚いたのはその部屋の中で」

昼だというのに、真っ暗だった。

玄関から差し込む光で、相手の姿だけは辛うじて判別できたという。

「陰気な感じの人で、絶対に目を合わそうとしないんだ。小太りで髪は短くて、べろんべろんのスウェットを着てたな」

蚊の鳴くような声で「何？　誰？」と訊ねる女に、

「こんにちは！　事前にお知らせしておいた電波チェックに伺ったんですけど、今お時間大丈夫そうでしょうか？」

空元気を振り絞りそう答えると、女は無言で背後の闇の中に消えた。

「ええっと……」

ドアは開け放したままだし、このまま入れという意味だろうか。

「それじゃあ、失礼しますね！」

靴を脱ぎ、扉を閉める。

暗い。目張りでもしているのか、節電にしても、窓からの採光すらしていないのはどう考えてもおかしい。

栗田は沓脱《くつ》ぎに立ち尽くした。

さっきの女は何処に雲隠れしたものか、気配すら感じない。

——こりゃニシキヘビのほうがマシかもな……。

「あの、すみません……。ちょっと前が見えないんですが、電気を点けていただいてもよろしいでしょうか？」

女からの反応はない。

どうしようこれ、と思った矢先、右の手首をぎゅっと掴まれた。

思わず「うわっ！」と悲鳴を上げるが、それを意にも介さず掴まれた手が持ち上げられ、丸みを帯びた二の腕にあてがわれた。

「そのまま付いてきて」

すぐ目の前から声がした。

「その時点でマジで帰りたかったけど、手を振り解いて逃げ出す訳にもいかないしね」

仕方なく、女の二の腕を掴んだ状態で部屋の中に足を踏み入れた。

一歩進んだところで、何かを爪先でコツンと蹴飛ばす感触があった。

「あっ、すみません！」

と慌てて謝罪するも、女は押し黙ったまま部屋の奥へと歩いていく。

栗田は自然、摺り足でついていくのだが、歩を進めるたびに何か細かい粉末のようなものがざりざりと足裏に当たるのを感じる。

「テレビがあるのはこの部屋だから」

しばらく行くとそう言われた。とはいえ周囲は相変わらず完全な暗闇に包まれており、何処に何があるかの見当も付かない。

「あのう、これだと流石に手元が見えないので、やっぱり電気を点けていただいてもよろしいですか？」

遠慮しいしい訊いたところ、女の気配が離れた。

数秒後、ベリベリという音がして、目の前が明るくなった。

栗田は思わず息を呑んだ。

部屋の奥にある窓には段ボールで目張りがしてあり、女は今しもそれを無造作に引き剥がしているところだった。

「それにも驚いたけど、凄かったのは部屋の床でさ……」

大小様々な人形が、足の踏み場もないほど散乱していた。

アニメキャラのフィギュア、市松人形、木彫りのアイヌ人形、こけし、三人官女のうちの一人、全裸の着せ替え人形、腹話術に使うようなパペット、幼児向けの赤ちゃん人形、中には高価そうなフランス人形やラブドールらしきものもあったという。

「凄いですね、これ……」

「ああ、それね、全部ママの宝物なの。踏んだり蹴ったり、絶対にしないで。ママが怒るから。分かった？」

「はあ、気を付けます……」

と言ったそばから、栗田は足元に落ちていたキューピー人形の腹を踏みつけてしまった。

プピーッ、と空気の抜ける間抜けな音がして、栗田は「ひいっ！」と飛び上がる。

同時に、窓際に立っていた女が凄まじい絶叫を上げた。

「ママアアアごめんなさいいいいい！」

女の声に合わせるように、天井裏で何か大きな物が倒れるような音がした。

次いで、その音はドタドタドタという足音に変わり、呆気に取られる栗田の前で押し入れの襖がガラッと開いた。

背を向けて駆け出す間際、人だか猿だか分からないずんぐりした影が、女の首っ玉に飛びつくのを栗田は目にした。

「ママアアアぼべんざいいいいい！」

裸足で社に戻った栗田を見て、上司は呆れた表情を浮かべた。

「何だお前、靴泥棒にでも遭ったか？」

そして息を切らせて事情を説明する栗田を片手で制すと、こんなことを言った。

「栗田なあ、他人《ひと》ん家には他人ん家のルールがあるのよ。この仕事続けていくなら、そういうのからは目を逸らせ。踏み込むな。いちいちかかずらわってちゃ、身体が幾つあっても足りねえぞ」

「で、でもあれは……」

「人形だらけの部屋だろ？　××コーポ四〇一」

「えっ？」

「あの女なあ、俺がまだ駆け出しの頃から」

――ずうっと同じこと繰り返してるんだぞ。

「その上司？　営業歴二十年のベテランだよ」

栗田はその後、すぐに営業職を辞した。

「意気地なし」

辞表を受け取った上司は、目も合わさずに呟いたそうだ。

「今もまだ、あの女が同じアパートに住んでるのかは知らん。建物自体が残ってるのかどうかも。ただもう俺は嫌だね。関わり合いになりたくない。赤の他人の生活に首突っ込むなんて御免だよ」

そのアパートの場所だけでも教えてくれ、と頼むと、栗田は目を白黒させた。

「お前さ……俺の話聞いてなかっただろ？」

「聞いてたよ。だから教えてくれと言ってる」

深く溜め息を吐いて、栗田は伝票の裏に駅名を書きつけた。

「地図も書いといてやるから」

ここは奢れよ、と付け加えるのも忘れなかった。

ぐりぐり

地元で悪いことばかりやってきたけど、今は更生しているからと笑う響木は、もう三十年以上前の話になるなぁなどと目を細め、体験の細部を思い出しているようだった。

彼の前には烏龍茶の入ったグラスが置かれている。

久しぶりに連絡を取る用事があり、ついでに何か変な体験談はないかと水を向けると、それなら会って話そうぜと誘われたのだ。

とある港町のあまり人の入っていなさそうなバーが、響木の指定した場所だった。

「まぁ、潰れたラブホだね。その一帯が再開発されるっていう話だったのに、バブル崩壊で宙ぶらりんになっちゃってさ」

懐かしいなと繰り返しながら、彼は不意にスツールから降りてベルトを外し始めた。客は二人きりなので問題ないといえばないのだろうが、マスターも怪訝《けげん》そうな顔をしている。

「この傷痕見てみ」

ちょろちょろと生えた腹毛の奥に、確かに縫った痕と変色した皮膚の色がある。

「刺されたの？」

「いや、指。自分でやったの」

響木は傷の上でぐりぐりと人差し指を捻った。


当時から一貫してやんちゃだった彼は、同年代の悪友三人と、常々バイクで様々な廃墟に乗りつけては、肝試しと称して侵入を繰り返していた。海沿いを走れば廃モーテルや、廃別荘は幾らでもあった。

その夜は、国道から一本裏にある廃ラブホに侵入した。

慣れているとはいえ、夜に初めての物件に忍び込むのはやはり緊張する。

誰かが先に忍び込んでいるかもしれない。野生動物もいるかもしれない。

近隣の住民が通報するかもしれない。

だが、そのちょっとした緊張感がいいのだ。

この夜も先頭は響木だった。

侵入してみると、カビと埃の臭いはするが、まだ床も抜けておらず、雨漏りも殆どないようだった。ただ、お約束のように、どの部屋もベッドマットがずらされ、鏡は全て割られている。昭和っぽい内装の壁には卑猥な言葉の落書きがスプレーで描かれている。風呂には小さな丸いタイルが貼られていて、どことなくノスタルジーを感じさせる。

「このまま最上階まで行くから」

同行する真也が後ろから声を掛けてきた。

「でもこのラブホ、全然面白くねぇな」

お化けでも出てくれないと――。

そう祐貴が戯けたように返す。確かにホテルの部屋を一つ一つ覗いてみても、特に何かある訳ではない。

マットレスに腰掛けても、ダニに食われるのがオチだ。だから休むこともできない。

一行はあっさりと最上階に辿り着いた。

「屋上ってあんのかな」

黙って付いてきていたタモツが不意に口を開いた。

「そりゃあるだろ」

非常階段から屋上に抜けられるはずだ。

「そうしたら、いいもんがあるんだ」

彼はロケット花火を取り出した。

非常口から外階段を辿って屋上を目指す。先頭は相変わらず響木だ。

だがそのとき、彼の視界には、階段の先を歩く女の姿が入り込んでいた。

小柄で首までのボブカット。肩を出して、薄いスカートを穿いている。その後ろ姿が音もなく階段を上がっていく――。

冷静に考えれば、そんな女が一人で廃ラブホにいるはずがない。

響木はゾッとした。こんなものに遭遇したのは初めてだったからだ。

「なぁ、俺の目がおかしいんかな」

立ち止まって声を上げると、後ろから大声で話しかけられた。

「お前、何その腹。ズボン酷いことになってんぞ」

祐貴が指差したのは、響木の腹だった。


「あのときは酷かったんですよ」

今まで黙って聞いていたマスターが口を挟んだ。

「今の話の祐貴です」

響木は今回の話の関係者の店を指定してくれていたのだった。

「俺はもうそのときの記憶が曖昧でさ。お前が腹腹って何度も言うから見てみたら、自分で自分の腹をほじってたんだよね」

「元々血の臭いがし始めたから、ガラスか何かで切ったんだろうって思ってたんだけど、傷に第二関節まで入れてぐりぐりしてたからね。痛くねえのかなって。でもそこから血がどんどん流れてるし、これはヤバいぞってなってさ」

——腹で小さいハンバーグ捏ねてるんじゃないかって思ったくらいだよ。

「で、お前は女は見たの？」

マスターこと祐貴さんは首を振った。

それからが大変だった。

響木は帰りの途中で気を失ってしまった。残りの三人はやんちゃ仲間の先輩に連絡を入れて、口の堅い病院を紹介してもらい、そこまでタクシーで乗りつけた。

「お前もおかしくなってたけど、あの場にいた他の奴らは、家族がみんなおかしくなってたからね」

ここからは祐貴さんの話になる。

響木を病院まで運んで帰宅した明け方、何故か妙に早起きをしていた父親が、自らの腹を執拗《しつよう》にほじっていた。ほじっているのはへそのすぐ右下で、響木がホテルで指を突っ込んでいたところと同じだった。

「うちは、やめろって何度か言ったら、すぐにやめてくれたけどな。あと真也のお姉ちゃんも十日ぐらいぐりぐりやってたって。でもタモツんとこが酷かったらしい。お袋さんがスカート捲って、パンツずらして、その部分をずーっといじってんだって。一日中ぐりぐりずーっとやってっから、いい加減にしろってタモツが怒鳴ったらさぁ――」

祐貴さんはそこで一旦話を区切った。

「自分のお袋さんに、〈お腹の中のこの子のこと、何でそんなふうに悪く言うの〉って泣かれたんだって」

おまえのゆうれいはこいつだ

お笑い芸人の相良君からこんな話を聞いた。

五年ほど前のある日。

相良君はＪＲ総武線市川駅から電車に乗り、新宿駅に向かった。数日後に控えたライブの打ち合わせのためである。

「途中、確か平井駅で一人の女が乗り込んできたんです」

座席にはまだ大分空きがあるにもかかわらず、女は相良君の隣に腰掛けたという。

若い女だった。長い黒髪、白いブラウスに黒のロングスカートを身に着け、身長一八〇センチの相良君と同じくらいはあろうかという長身。肩掛けのポーチの他にスケッチブックを持ち、真夏だというのに大きなマスクをしているのが印象的だった。

横目で窺うと、女は肩を丸め、相良君の顔を上目遣いに見つめている。

当時、彼にはそれなりの数のファンが付いていた。

「別に自意識過剰って訳じゃないですけど、俺に気付いたのかな？　と思って」

相良君は咄嗟に営業スマイルを浮かべ、女に会釈する。

そのとき気付いたのだが、女の肌は貧血でも起こしたように青白く、髪はバサバサに傷んで枝毛だらけだった。

「率直に言って不気味でした。幽霊みたいな女だな、と」

そう思った矢先、女が話しかけてきた。

「幽霊みたい？　ねえ、幽霊みたいでしょ？　幽霊みたいだなって、あなた今そう思ったでしょ？　うふふ」

表情の分からないマスク越しにそんなことを訊かれて、相良君はゾッとした。

女は持っていたスケッチブックを開き、ポーチから出した鉛筆を握りしめる。

「ルルル、でも違うの、幽霊じゃない、あたしはあんたの幽霊じゃない、そうじゃないのよ、ンンン」

歌うような調子で呟きながら、女はスケッチブックに猛然と何かを描き始めた。

——これは関わっちゃいけない人だ。

瞬時に直感した相良君は無言で席を立つ。

隣の車両に移動し、別の席に座り直したところで、貫通扉が開く音がした。

あの女である。

まっすぐに相良君を見据えたまま、スケッチブックに筆を走らせている。

折しも電車は御茶ノ水駅に停車中で、発車ベルが鳴り始めたところだった。

「それでもう意を決して、扉が閉まる直前に飛び出したんです」

間一髪、ホームに着地。

直後、背後でドアが閉まる音がする。

走り去る電車を呆然と見送り、相良君はようやく一息吐いた。

「普通に生きてればヤバい人にもそりゃあ出くわしますけど、ああいう何考えてるか分からないのが一番怖いですね」

相良君はそこで数本の電車を見送った。

あの女が次の駅でまた乗り込んできたら。そう考えると気が気でなかったのである。

打ち合わせには時間ギリギリで間に合った。

帰りの電車は混雑していたが、あの女を見かけることはなかった。

コンビニで夕飯のカップ麺を買い、相良君はアパートに帰宅した。

「ラーメンにお湯注ぎながら、妙な胸騒ぎを覚えたんです。何だろ？　ってしばらく部屋を見渡して、絶句しました」

流し台の上にある小窓から、何者かが部屋を覗いていた。

鼻から上しか見えないが、すぐにあの女だと分かった。

目が合うと、女の双眸《そうぼう》がニューッと細められた。

窓越しに「ん、むふ、んんふっ……」というくぐもった音が聞こえる。

——笑ってるのか……？

悲鳴を上げることもできず、相良君はその場に硬直した。

大丈夫、鍵は掛けたはずだ。入ってこられない。警察？　そうだ、通報しよう。だけどこの場合、何て言えばいいんだ？　変な女が部屋を覗いてる？　ストーカー？　それがいいな。えええっと俺、スマホ何処に置いたっけ？　あ、ポケットの中だ。うん、通報しよう。今しよう。するぞ。

女から目を離さず、相良君がそろそろとポケットに手を伸ばした、その瞬間。

「忘れ物」

女が声を発した。

「忘れ物、届けに来ただけだよ、うふふ」

女の顔が窓からスッと離れ、玄関の郵便受けに折り畳まれた紙のようなものが差し込まれた。

コツコツと廊下を遠ざかる靴音。

「あまりのことに一日で二度も呆然としちゃって。女が置いていった紙もマジで触りたくなかったんですけど、そのままにしておく訳にはいかないじゃないですか」

手に取ると、それは四つ折りにした画用紙だった。

中を確認せずに捨てる、というほどの意志の強さも相良君にはなかった。

震える手で紙を開く。

最悪だ、と思った。

異様に写実的なタッチで描かれた、男の全身像だった。

丸顔にいやらしい笑みを貼りつけた中年の男である。五分刈りの胡麻塩頭で、肩の筋肉は盛り上がり、首には太い血管が幾つも浮いているが、腹部はくびれなく膨満していた。

丸裸だった。怒張した陰部の生々しさは、簡単に忘れられそうになかった。

更にはイラストの下に、殴り書きのような字でこう書かれていたそうだ。


〈おまえのゆうれいはこいつだ〉


相良君はその後すぐに転居した。

あの女に家を知られたことが恐ろしかったのである。

その頃から、彼の身辺で不幸が続くようになった。

実家で飼っていた猫がある朝、前触れもなく冷たくなっていた。

父親に癌が見つかり、相良君本人も後ろから来た自転車に軽く手をぶつけられただけで、親指を複雑骨折した。

遠距離恋愛をしていた恋人には浮気をされ、コンビの相方は女性関係と借金で揉めた挙げ句、事務所や彼に何の相談もなく郷里に帰ってしまった。

何だかツイてないな、と思っていたある日、相良君は楽屋で先輩の芸人に声を掛けられた。

「お前、最近よくない場所に行っただろ？」

「えっ？　よくない場所って何ですか？」

「とぼけるなよ。変なもんがお前の腰にずっとしがみついてるぞ。うわっ、こっち見た。ヤバい。キモい」

「ちょ、ちょ……。何言ってるかよく分かんないんですけど……」

相良君が混乱していると、先輩は心底嫌そうに顔を歪めた。

「全裸のおっさんだよ。お前、心霊スポットとか事故現場とか、大方そんな場所に行って不謹慎なことでもしたんだろ？　すぐにどうにかしないと、そいつに殺されるぞ」

相良君は先輩の伝手で紹介してもらった神社で、数回に分けてお祓いを受けた。

その甲斐あってか、現在ではどうにか普通の生活を送れているらしい。

「あの女が元々俺に憑いてたおっさんを絵に描いたってよりは、どうも良くないものを強制的に背負わされたような気がするんですよね。だって俺、心霊スポットなんてこれまで生きてきて一回も行ったことありませんから。怖がりだし……」

相良君はそう言って、暗い顔で溜め息を吐いた。

キッチン

「先週引っ越したマンション、ちょっとおかしい気がするの」

遙が大学時代からの友人である喜代子から相談を受けたのは、秋も深まる十一月のことだった。

何がおかしいのかと訊ねると、彼女は笑わないかと何度も確認した後で、うちの部屋、お化けが憑いてるかもしれないと、真面目な顔で答えた。

二人とも心霊に関しては否定派だ。テレビでオカルト関係の番組を視ることもあるが、あれはエンタメの一種だと割り切っているし、交友関係に何人かいる不思議ちゃん達の体験談だって、殆どが偶然と気のせいに違いないと考えている。なぜなら今まで生きてきて、自分達にはそんな体験がなかったからだ。

だから遙は喜代子がそんなことを口にするのは、尋常なことではないと理解した。

「ちょっと今のままだと信じられないから、もっと具体的に話を聞かせて」

遙はそう伝えた。あくまで心霊に対して懐疑的な立場は崩さない。最終的に喜代子の気のせいで済めば、ただの笑い話で終わる話だからだ。

二人はチェーンのカフェに入ると、人の少ない奥の席に陣取った。

喜代子は不安そうな眼差しで遙のことを見つめると、引っ越してから続いている不思議な声の話を始めた。


彼女が月半ばに引っ越した先は2DKの賃貸マンションだ。

築年数は十年とちょっとでリフォーム済み。新築そのままとまではいかないが清潔で、内見したときにここだとピンときた物件だった。

喜代子はペーパーナプキンにボールペンで間取りを書き始めた。

玄関から入ると短い廊下が延びていて、トイレと洗面所のドアがある。洗面所の奥がバスルーム。廊下を過ぎるとダイニングキッチン。更にそこから振り分けるような形で二部屋が続いている。片方はダイニングキッチンから続くフローリングの部屋で、ベッドを置いて寝室にしている。更にもう一部屋は和室だが、現在は物置兼ウォークインクローゼットとして使っている。


——最初は聞こえないくらい小さな声だったの。

引っ越しの荷解きが終わったのは、越してから三日後だった。

喜代子は自宅での仕事をするときには、ダイニングテーブルに書類やらノートパソコンやらを広げる癖がある。

彼女がダイニングキッチンで書類仕事をしている途中で、探し物をしに寝室に移動したときのことだ。耳元で微かに「ベッドルーム」と声がした。

今のは何だろうと、振り返ってみても、一人暮らしの自分の部屋に誰かがいる訳がない。寝室で探し物を終えてダイニングキッチンに戻ろうと敷居を跨いだ瞬間に「ダイニングキッチン」と微かに声がした。小さくても男の声だ。聞き間違いではない。

だが、周囲を見返しても、誰もいない。テレビも点けていない。動画サイトも開いていない。音楽も鳴っていないしポッドキャストも流れていない。

それなら何処かの部屋から声が反響してきたのだろうか。

ジッと耳を澄ませて待っていても、声は二度は繰り返さなかった。試しにもう一度寝室に立ち入っても、何も聞こえない。

だからそのときはただの気のせいと結論づけたという。

遙もまた、友人の話を聞いて、気のせいだろうと思った。

だがそれから声は毎日聞こえるようになった。各部屋と部屋との間を跨ぐ際に一日一度だけ声がするという法則が、おぼろげながら類推できた。勿論聞こえないときもあるが、それは声が小さいのか、自分の意識が他に向いていて、意識できなかったのかまでは、よく分からない。

ただ、寝室からダイニングキッチンに移動すれば、ダイニングキッチンと声がするし、トイレに行けばトイレと声がした。

「でもね。一箇所だけよく分からないの——」

喜代子はそこで声を潜めた。

「お風呂に入るときだけ、キッチンって言われるの」

遙はそれを聞いて、「はぁ？」と声を上げた。声がするのはともかく、風呂がキッチンとは訳が分からない。

「——ちょっと、これから喜代子の家に行ってもいい？」

遙は強い口調で告げた。自分の機嫌が悪くなっていることに戸惑いを覚えたが、この納得のいかない話は放ってはおけない。

「だって、あんただって他の人も声が聞こえるかどうか知りたいでしょう？　今のままだと、全然納得できないよ」

そうだ。自分は納得したいのだ。

遙の心はまだざわついていた。

突然の申し出に喜代子はどうしようか迷っているようだったが、自分の聞こえている声が他人にも聞こえるかを確認していなかったのは盲点だったらしい。

動転していたのか追い詰められていたのか、恐らくその両方だろう。

「あまり片付いていないけど、来てくれる?」

遙は強く頷いた。


「へぇ、結構いいじゃない。——あ。ごめんね、今気付いたけど、引っ越し祝い買い忘れた」

喜代子のマンションに到着する頃には、遙の感情はフラットなものに戻っていた。

「いいのよ。来てくれただけで嬉しいから」

やはり喜代子は自分の部屋に不安を感じているようだ。

エレベーターに乗って七階に移動した。

玄関を入ると、先の説明通りの間取りだった。

廊下を突っ切り、奥のドアを開けるとその先がダイニングキッチン。喜代子は既に家を出る前に声を聞いているという。

先にドアを開けた友人がダイニングキッチンで待っている。

遥は彼女の顔に視線を向けながら、意識を耳に集中する。

ゆっくりゆっくり歩いていくと、耳の奥で「ダイニングキッチン」と男の声がした。

「聞こえた！」

「やっぱり！」

喜代子も声を上げた。二人とも聞こえるのだから、これは物理的な仕掛けがあるのかもしれない。そう疑ってみたが、原理に関してはさっぱり分からない。

確認のために他の部屋にも入ってみると、やはりそのたびに耳の奥で声が響いた。

ベッドルーム、和室、トイレ――問題はバスルームだ。

「お風呂、見せてもらっていい？」

遥の申し出に、喜代子は心配そうな表情を浮かべて、やめたほうが良くないかと懸念を伝えてきた。しかし、ここまで来て中断することはできない。

「大丈夫。とにかく入ってみるね」

ライトのスイッチを点けて、バスルームに足を踏み入れる。すると、予想通り「キッチン」と声がした。

ただ、予想外だったのは、その「キッチン」がいつまでも繰り返されたことだ。

「何これ！」

戸惑う遙の様子に、喜代子がオロオロしている。

「どうしたの。遙ちゃん、どうしたの？」

「ちょっとこの部屋出よう」

二人は再び街に出て、駅前のファミレスに入った。

遙は今起きたことを喜代子に伝えた。

「――やっぱり、ちょっとあの部屋変なんだね」

そしてしばらく黙った後で、彼女は遥に笑顔を見せた。

「ごめんね。今日はどうもありがとう。また何か起きたら相談させてもらうと思うから」

それはとても寂しそうな笑顔だった。


別れた翌日から、喜代子と連絡が取れなくなった。

メッセージアプリに既読が付かない。

携帯電話に電話をしても出ない。

メールを打っても返事がない。

SNSも更新されない。

確実に何かおかしなことが起きていると分かる。しかし打てる手がない。

実家の住所も分からないのだ。

仕方なく、徒労になることを覚悟して、喜代子のマンションを訪れもしたが、インターホンを何度押しても反応がなかった。オートロックなので、中に入ることもできなかった。

ただ、思いついてマンションを見上げると、七階の部屋には電気が点いていた。

訳も分からず、遙は背に冷たいものを感じた。


ヤキモキする気持ちのまま二週間ほど経った頃、共通の友人からメッセージが入った。

それは喜代子が一人暮らししていたマンションで事故死したが、感染症の流行する時節を考慮して家族葬になるという話だった。

急いでその友人にアポを取り、事故に関して訊ねると、友人は「聞かないほうがいいと思うよ」と顔を曇らせた。それでも遙は彼女がどうなったのかを知りたかった。

友人の話では、二十四時間風呂で喜代子はちょうどシチューのようによく煮込まれ、全く原形を留めていなかったらしい。

その話を聞いた遙は、トイレに駆け込んだ。

胃の中が空っぽだったので何も吐くことはできなかったが、無理矢理にでも吐き出したかった。

あのマンションの部屋は、今は周辺の物件から二割ほど安い値段で賃貸に出ているという。なお事故物件サイトには掲載されていない。どちらも友人からの情報である。

遙は、シチューもカレーも、とにかく煮込み料理のようなものを、それ以来一切食べられなくなってしまった。

底へ底へ

「厭な思い出だし、あんたみたいな物好きに特定されたら困るからね。くれぐれも分からないように書いてくださいよ」

そう前置きして、道彦さんは記憶の糸を手繰り始めた。


道彦さんは小学五年生の頃、父に連れられて夜釣りに出かけた。

今から三十年近く前の話である。

場所は自宅から車で三十分ほどのところにある岸壁で、季節は冬の入り口だったと記憶している。

父の趣味は夜釣り、では別になかった。

むしろどちらかといえばインドア派の印象が強く、休日には一人で本を読んだり、自分がする訳でもないゴルフの中継をぼんやり眺めている人だった。他人にも自分にも淡泊で、仲の良い友人はおろか、これといった趣味も持っていなかったようだ、と道彦さんは語る。

「土曜の夜、道彦を連れて夜釣りに行く」

夕食の席で突然、父はそう言い出した。

道彦さんは勿論、その場にいた母も怪訝に思ったらしい。

「それはいいですけど、うちにそんなちゃんとした釣りの道具があったかしら？」

「この間、倉庫の片付けをしただろう？　そのときに親父の釣り具が一式出てきたんだ。それを眺めていたら急に懐かしくなってな。道彦、父さんは小さい頃、よくおじいちゃんと二人で夜釣りをしたんだ。楽しかったぞ。お前もやってみたいだろ、な？」

道彦さんは父方の祖父母と面識がない。どちらも父がまだ幼い頃に亡くなったと聞かされていた。詳しくは知らないが、不幸な事故で命を落とした祖父の後を追うように、祖母も病に倒れたのだと。

夜釣りというのも、それほど楽しそうには思えなかった。どうせ行くなら遊園地とか、野球観戦のほうがずっとよかった。けれどいつになく真剣な父の様子に抗えないものを感じて、道彦さんは「うん」と頷いたそうだ。

父は満足げに微笑んだ。

当日は夜十時頃に家を出た。いつもなら口喧しい母から「さっさと風呂に入れ」だの「もう寝なさい」だのと小言を食らう時間帯である。あまり乗り気でなかった道彦さんも、こんな遅くに出かけられることには、内心ワクワクしていた。

途中、父は自販機で缶入りのコーンスープとお汁粉を買った。どちらか好きなほうを飲めと言われたので、道彦さんはコーンスープを選んだ。父はお汁粉の缶をダウンベストのポケットに入れた。

岸壁に着くと、既に何人かの人が思い思いの場所に腰掛けて、釣り糸を垂れていた。

「あそこにしよう」

父は道彦さんの手を引き、岸壁の突端まで歩いていく。

クーラーボックスを椅子代わりに、道彦さんは腰を下ろした。父は冷たい地面に直に座り、餌の付け方等をひとしきり講釈する。

「釣りっていうのは、第一に忍耐だ。そうそう簡単に食いつくもんじゃないが、ジッと我慢するんだぞ」

そう言って、父は無言になった。

道彦さんもその隣で、ひたすら夜の海を眺め続けた。

風のない晩だった。真っ黒な海面はとろとろとまるで重油のように凪いでいる。

寒く、静かだった。

買ってもらったコーンスープはとうに飲み干しており、竿を握る手がかじかんだ。

父も含め、周囲にいる人たちは皆一言もない。

海面を魚が跳ね、少し離れた道路を車が走り過ぎる音がごくたまに聞こえるばかり。

二十分、三十分待っても引きは一向に来ない。

そろそろ日付が変わった頃だろうか。

退屈だな、と思った。

お父さんは、どうして夜釣りなんかをする気になったんだろう。

瞼が次第に重くなってくるのを感じた。

——じょぎっ、じょぎっ。

妙な音がした。

横を見ると、父の影が前屈みになっている。

「お父さん？」

呼びかけるも、返事はない。

闇が濃かった。

先刻までは隣にいる父の顔立ちまで見分けられていたはずだが、今では辛うじて全身の輪郭が確認できる程度だ。おまけに何処からか、魚の腐ったような嫌な臭いがする。

——じょぎっ、じょぎっ、じょぎっ。

音から察するに、父は鋏を使っている。

手に持った何かを細かく、執拗に切り刻んでは、時折、パラパラと海面に放っているらしい。

最初、道彦さんは撒き餌でもしているのかと思ったそうだ。

「なあ、道彦」と突然、父が言った。

「お前には話さずにいたんだけど、父さんの父さん、つまりお前のおじいちゃんはな、本当は事故で死んだ訳じゃないんだ」

「えっ？」

「ちょうどこんな晩だったな。父さんと二人、夜釣りに来ている最中に姿が見えなくなって、次の日、死体が上がった。自殺じゃないかと言われてる。全身を魚に食い荒らされて、それは酷い有様だった」

――じょぎっ、じょぎっ、じょぎっ、じょぎっ。

「実はじいさんには、若い頃に不義理をした愛人がいたそうだ」

「不義理？　愛人？」

「ああ、お前にはまだ分からないか。要するに、ある女性に酷いことをしたんだ。それでその人は、かわいそうに、赤ん坊を抱いて海に身を投げたらしい。勿論、じじいの子だよ。

父さんとは腹違いの弟か妹になる訳だ」

——じょぎっ、じょぎっ、じょぎっ、じょぎっ、じょぎっ。

「あのくそじじい、そんな人道に悖《もと》ることをして、ただで済む訳がないよな。道彦にも分かるだろう？　自殺じゃないんだよ。連れていかれたんだ。他の連中には分からなくても、父さんには分かる。本当を言えば、今分かった」

——じょぎっ、じょぎっ、じょぎっ、じょぎっ、じょぎっ。

「でもね、あの畜生の命だけじゃ、足りないそうなんだ」

——じょぎっ。

「ただまあ、この人も父さんで終わりにしてくれるらしいから」

雲間から月明かりが覗いた。

父は困ったような笑みを浮かべ、岸壁からぶらりと垂らした自分の足を見つめていた。

女がいた。

正確には、女に見える何かだった。

父の左足に両腕を絡めたそれは、膝枕をする格好で乗せた頭を心持ち傾けている。両目のある部分には洞窟のような穴が穿たれ、濡れそぼった黒髪と諸肌《もろはだ》脱ぎした半身には海藻と、フジツボらしきものがびっしりと付着していた。

「すまんなあ」

それが父の最後の声だった。

女がこちらに顔を向けた。

周囲でゲラゲラと大勢の笑い声がした。

赤ん坊の泣き声が混じっていた。

翌朝、道彦さんは立ち入り禁止の柵を乗り越えた先の岸壁で、一人目を覚ました。

辺りには誰もいなかった。

父が座っていた場所には、すっかり冷たくなったお汁粉の缶が置かれ、短冊に切られた布と紙片が散らばっていた。

父が肌身離さず持ち歩いていた成田山のお守りだった。

父だったものの一部が見つかったのは、二日後の午後。

棺は酷く軽かったそうだ。

あの晩、自分が見たものが夢か現実か、道彦さんには判断が付かない。

父が話していたことが真実かどうかも分からない。祖父とその愛人を巡る顛末《てんまつ》を知る者は、最早この世にないのだ。

けれど道彦さんは、今でもたまに夢を見る。

父の夢だ。

夢の中では、あのとき見た女ともう一体、ぐずぐずに溶け崩れ、殆ど白骨と化した赤ん坊が父をぎゅっと抱きしめ、ゆっくりと、しかし確実に、光届かぬ海の底へ底へと沈んでいくのだという。


もういい加減、終わりにしてあげてほしい。

道彦さんは夢を見るたびに手を合わせている。

水詰まり

中野君という怖い話好きの知り合いに、最近は何か怖い体験談はないかと、取材していたときのことだった。

彼は幾つか体験談を語り終えた後、ふと思い出したように、古いアパートがどうやって終わりを迎えるか知っているかと訊ねてきた。知らないと答えると、彼は少し思案した後で話を始めた。

彼が大学の学部から大学院の時代まで、足掛け六年に亘って住んだアパートの話だという。そこは学生専用という触れ込みで、近隣の大学に通っている人間だけが契約できる物件だった。学生向けなので、家賃が周囲の物件に比べて三割ほど安い。それは大家の爺さんの意向だという。

苦学生だった中野君には大変助かる話だった。

彼が友人の伝手で入居したときには全部屋が埋まっていたが、年を経るごとに次第に人が減り、最後の年に至っては、学生は中野君一人になっていた。学生は——と限定したのは、二階建ての上下六部屋あるうち、一階の西側の角部屋には、全身から新島のくさやのような臭いを漂わせる、得体の知れない老婆が住んでいたからだ。

　彼女は中野君が入居する以前からその部屋に居着いていた。何か大家さんにも事情があって、老婆に部屋を貸しているのだろう。そう学生達は噂していたが、誰も本当の理由は知らなかった。老婆も学生と関わろうとしなかったので、時折ドアが開け放たれていて、中からうっすらと腐敗したような臭いが漏れてくる以外に、特段関心を惹かれる要素もなかった。


「それで、大学院の最後の夏に、水道管が塞がったみたいになったんですよ。今まで普通に出ていた水が、ちょろちょろとしか流れなくなって、心許ない感じになったんです。水の色も赤というか、オレンジ色っぽくなって。多分、最初は水道管の錆か何かだったと思うんですが、毎日観察してたら、どんどん色が変わっていってね――」

　勿論そんな色の水では料理もしたくない。水量も減り、このままだとトイレも流せなくなる。大家さんに相談して、何とかしてもらわなくてはと思っていた矢先に、大家さんの奥さんと名乗る女性がやってきた。

　大家さん自身は七十代後半のひょろっとした老人だったが、女性は五十代に見えた。

「中野さん、申し訳ないんだけどね——」

女性は威圧感に満ちた口調で中野さんに声を掛けた。

「来月をめどに、このアパートを潰すことにしたの。だから、引っ越してもらわないといけないんだわ」

突然の話に、中野君は困惑した。

これから本格的に修士論文に取り掛かろうという矢先に、引っ越せというのだ。

「……え、困ります」

「困るって言われても、もう決まっちゃったことだからね。引っ越し代はこっちで持つから。日程決まったら電話して。それじゃね」

女性は中野さんに自分の都合を一方的に押し付けて去っていった。

水道のことを相談する隙すらなかった。

どうしようか。

次に住む部屋を探す必要があるのは理解した。しかし、部屋中に散乱する書籍や実験データのプリントアウト、何台ものコンピュータに、それらを相互に接続しているネットワーク機器のことを考えると、途方に暮れるしかなかった。

それよりも水道だ。

このままでは管が詰まって水が出なくなるのも時間の問題だ。

むしろ大家さんは、水道のことを知ってアパートの延命をやめたのだろうか。

だが、あの大家のお爺さんが、そんなことをするだろうか。彼は、いつでも学生達に親身になってくれていたのだ。

大家さんの家は、アパートから自転車で十五分ほどのところにあるらしいというのは聞いている。天候が悪くても、時間が遅くても、何かあればすぐに駆けつけてくれたのだ。

——でも、決まっちゃったっていうしなぁ。まずは物件探しかなぁ。それとも実家かなぁ。

幸い、中野君の実家からは大学まで三時間ほどで通うことができる。実家に戻って、大学まで三時間掛けて通う手もある。

どうせ実験室には泊まり込むのだ。それも手かもしれない。

そんなことをぐるぐると考えながら途方に暮れていると、玄関でドアをノックする音がした。

こんな時間に誰だろう。

ドアを開けると、そこには下の階に住んでいる老婆が立っていた。

「あんたんとこに、大家の嫁が来ただろ」

彼女は不躾な口調とともにこちらを睨み付けると、ちょっと立ち話も何だから、部屋に上げてもらえるかいと続けた。

その有無を言わせぬ口調に、中野君は老婆を部屋に上げることにした。ただ、老婆から相変わらずくさやの強烈な臭いがするのには閉口した。

「大家の爺さん、死んじまったんだってね」

老婆はキヨコと名乗り、部屋の隅にちょこんと座った。

突然の話に、中野君は驚いたが、確かに納得できる話だ。

「で、あたしは大家の爺さんのこれでね。それが縁で、ずっと下の部屋に住まわせてもらってるのさ」

彼女は品の良くない笑みを浮かべて小指を立てた。歯の殆どない口から、ヒャヒャと笑い声が漏れた。そこで照れたような表情を見せられても、困惑するばかりである。

「あの女とはずっと確執があってね。あたしのことを何度も追い出そうとしてたんだけど、こっちも立ち退く気はないしね。あんたんとこも、水が出なくなっただろ。すぐそれも終わるよ。あの女がもうすぐ死ぬからね」

老婆はやたらと早口で、その話の内容は聞き取りづらかった。中野君が聞いた話をまとめると、老婆は亡くなった大家のお爺さんの〈二号さん〉だったということらしい。大家のお爺さんは、行き場のなかった彼女をアパートに住まわせ、管理人のようなことをさせていたという。だが、一時期彼女が身体を壊してからは、お爺さん自身がアパートの世話をしていたと、どうやらそういう事情があったようだ。

その頃から、大家の奥さんは老婆のことを目の敵にしていたが、近年は特に嫌がらせが続いていたらしい。そして、お爺さんが亡くなったので、このアパートを潰してしまい、老婆を放逐するつもりなのだと説明した。

他の住人にとっては完全にとばっちりである。

だが、説明を聞く限り、大家さんの奥さんの気持ちも分からなくはない。

中野君が黙っていると、老婆は彼の顔を凝視し、顔をくしゃくしゃにして笑った。

「このアパートと一緒にあいつも死ぬからね。見ていて御覧。面白いことが起きるよ」

彼女はそう予言したが、中野君はきっと面白いものではないだろうと思った。

中野君は数日掛けて引っ越し業者に見積もりを取った。念の為に複数業者に連絡を取り、相見積もりも取って、一番妥当そうなところと契約することにした。

後になって、大家持ちなのだから、別に高くても良かったと思ったが、あの奥さんに嫌味の一つも投げつけられそうなのを恐れたというのもある。

翌日、電話を掛けると、妙によそ行きの声で対応された。大家の奥さんは、今から伺いますねと言って、見積もりの話をするためにすぐに部屋までやってきた。彼女は、ぐっと目を開いて瞳孔をぐるぐると上下左右に高速に動かしながら、急なことでごめんなさいねと繰り返し謝った。

中野君は見積書を渡しながら、人間の目にこんな動きができるものなのかと、変なところで感心していた。一方で奥さんの口調といい、言い回しといい、先日とは人が違い過ぎていて居心地が悪いことこの上ない。

「それとね、これを下のお婆さんに渡しといてくれる?」

別れ際に、彼女から羊羹《ようかん》でも入ってるのかと思うような、白くて細長い紙箱を渡された。

キヨコさんなら部屋にいるだろうに。

もしかしたら、これも嫌がらせの一環なのかもしれない。

そんなことも思いながら、その箱を受け取った。箱は思っていたよりも軽かった。

キヨコさんの部屋を訪ねたが、珍しいことに彼女は外出中だった。

これは出直しかと、箱を手に階段を上がる。その途中に魔が差した。

箱を軽く振るとカタカタと軽い音を立てた。

一体何が入っているのだろう。

彼は、階段の途中で立ち止まり、箱の蓋を開けた。

薄紙に包まれたものが視界に入った。漆塗りの黒い長方形の物体に、金文字で何か書かれている。

位牌だった。

あ、これは見てはいけないものだ。

中野君は慌てて蓋を閉じた。


老婆は数日帰らなかった。そんなこんなで、引っ越しの日を迎えた。

念の為にキッチンの蛇口のハンドルを捻ると、水が出ない。

どうしたのかと思ったが、蛇口からは何かどろどろした赤黒いものが糸を引いた。

水道水の色ではない。周囲が鉄臭くなった。

――血だ。

まさかそんなことがあるだろうか。

引っ越し業者の到着を待ちながら、そのまま蛇口を開けっぱなしにしておいた。

二滴、三滴、ぱたぱたとシンクに散っているのは、どう見ても血痕だ。

どうしたものかと思っていると、ドアをノックする音がした。

「あ、どうぞ」

業者かと思ってドアを開けると、キヨコさんが立っていた。

「あの女から預かっているものがあるだろ。渡しな」

中野さんは、すぐにそれを手渡した。

「あとね、あの女、もう死ぬよ」

老婆が口の端を歪めると、蛇口から急に水が流れ始めた。

慌ててハンドルを絞る。

「な。今死んだから」

キヨコさんは周囲に聞こえるような高笑いを上げながら、階段を下りていった。

数年後、中野君は仕事の関係で以前住んでいた辺りに向かう用事があった。

興味本位で、そのアパートの様子を見に寄ったところ、更地になっていた。

それから十年。そこは今でも更地のままだ。

ピンポン

茉菜《まな》さんの元カレに「ピンポン」というあだ名の男がいた。

顔面が物凄くタイプという理由で付き合い始めたものの、彼の女癖があまりに酷かったため、茉菜さんのほうから別れを切り出した。

彼はひとまずゴネてみる格好を見せたが、そこまでの未練はないだろう、と茉菜さんには分かっていた。現に後腐れもなく、穏便に別れることができたそうだ。

茉奈さんとの交際中、彼はまだピンポンとは呼ばれていなかった。

そんなあだ名が付いていると知ったのは、別れて半年ほど経った頃のこと。

その少し前にこんな出来事があったのだという。


「久しぶり！　元気してる？　実はちょっと相談したいことがあるんだけど、今度メシでもどう？」

ある日、茉菜さんの元に彼からそんな内容の電話が掛かってきた。

茉菜さんと交際していた当時、彼は飲食店でアルバイトをする傍ら、地下アイドルとして活動していたが、ここ最近はアイドル稼業から足を洗ったと聞いていた。それと同時に、都内最大の繁華街でホストとして働き出した、とも。

「悪いんだけど、私都合のいい女になるつもりはないから。ついでに言うと、お店の営業もお門違い。そういうの、誰か別の人を当たってくれる？」

茉菜さんがすげなくそう返すと、彼の口調が切羽詰まったものになった。

「いやいや、別にそんなつもりじゃなくて、本当に困ってるのよ。こういう相談できる人って他にいなくて。三十分だけでもいいから会ってくれない？」

「電話じゃダメなの？」

「直接会って話したほうが、きっと早い」

「……二人きりじゃないなら、いいよ」

「助かる！　そしたら、茉菜の友達の……理恵ちゃんだっけ？　あの子呼んでもらってもいいかな？」

理恵は茉菜さんの長年の親友で、彼とも何度か顔を合わせたことがある。

「はあ？　あんたもしかして、理恵に粉かけようとしてる訳？」

「違う違う！　茉菜もだけど、理恵ちゃんってその、そういうのが〈視える〉って話じゃない？　だから声掛けてほしいんだよ」

「……相談って、そっち系なのね」

確かに茉菜さんは、ごく稀に奇妙なものを視てしまう体質だった。

理恵も似た資質の持ち主だったが、恐らくは茉菜さんより感度が高い。茉菜さんには「何だか気持ち悪いな」という程度にしか感じられないものをはっきりと認知でき、更には言語化の能力にも長けていた。

「そうそう。だから下心とかないし」

どうせまた、女関係で恨みでも買ったんだろう。

茉菜さんはそう思ったけれど、話を聞くだけならと承諾した。


待ち合わせ場所は、彼の家から程近いファミレスだった。

数カ月ぶりに顔を合わせた彼は以前より荒《すさ》んだ印象で、服装や髪型も何処かいい加減に見えた。

「最近、どうにも体調が悪くてさ。不定愁訴って奴かな。病院行っても全然ダメなの」

食事には手を付けず、デキャンタで頼んだ白ワインをひっきりなしに飲んでいる。

「腹の調子がよくなくて、固形物は食べたそばから下痢しちゃうんだ。まさかこの歳でオムツするとは思わなかったよ。それから急にアトピー体質になっちゃって、ステロイドを処方してもらってる。あんまり効果ないけどね。あとは運転中にカマ掘られて鞭打ちになったし、空き巣にも入られた。仕事も上手くいってない。俺が席に着いただけで、いきなり空気悪くなるの。こないだなんか太客のおばさん怒らせて、顔にシャンパンぶっかけられちゃった」

おまけに、と彼は声のトーンを落とした。

「家で寝ようとすると、ドアチャイムが鳴るんだ。すぐにパッと外を見るんだけど、誰もいない。それがほぼ毎日、延々と繰り返される訳。おかげで睡眠不足。仕事中もふわふわしちゃって、そのせいでミスが増えるんだよね」

――やっぱり俺、何かに憑かれてない？

そう言ってこちらを見る彼の落ち窪んだ目がぎらついている。

茉菜さんはこの場に来たことを後悔していた。

「私にはよく分からないけど……」

その言葉に嘘はない。が、何かに憑かれているかどうかは別として、彼が病み疲れていることは間違いないように思われた。

「そっか……。理恵ちゃんはどうかな?」

先ほどから黙って話を聞いていた理恵に、彼が水を向けた。彼女はしばらくの間、ジッと彼を見つめていたが、やがて口を開いた。

「何かが憑いてる……のは確かだね。でも今見た感じだと、よく分からないの。何というかこう、モヤモヤしてる。家にいるときに鳴るそのチャイムがポイントなんだと思うけど、これぱっかりは実際にその場に居合わせてみないと……」

「あ、じゃあこれから俺ん家来てよ。絶対に聞こえるからさ」

こいつは一体何を言い出すんだ。

一瞬、呆気に取られた茉菜さんが反論する前に、理恵のほうでは「別にいいけど……」とあっさり承諾してしまっている。

正直、気は進まなかった。とはいえ理恵と彼を二人きりにする訳にはいかないから、茉菜さんも渋々付き合うことにしたそうだ。

彼の部屋は古アパートの一階だった。脱ぎ捨てられた衣類やカップ麺の容器、空のペットボトルなどが散乱し、足の踏み場もなかった。部屋の隅に置かれたポリ袋の底には黒い液体がどろどろと沈澱しており、動物園のような悪臭を放っている。

「ゴミ出しの日、いつも忘れちゃうんだよね」

そんなことを言いながら汗染みの浮いた煎餅布団に胡座を掻き、非喫煙者の二人を気にすることなく電子煙草を吸い続けていた彼だったが、十分程すると不意に身体を震わせ、弾かれたように玄関まで走っていった。

そのまま玄関扉に密着するとスコープに顔を付け、外の様子を窺っている。

「えっ、何？　やめてよ。怖いんだけど」

「何って、今ピンポン鳴っただろうが」

「はあ？　そんなの聞こえなかったけど」

ドスドスと足音を立てながら戻ってきた彼は、水っぽい舌打ちをした。

「集中してろよ。どうせすぐにまた聞こえるからな」

ファミレスにいたときとは、明らかに彼の様子が違っていた。

物言いが乱暴になり、それとは裏腹な怯えたような視線を何もない空間に泳がせている。

ああ、やっぱり来るんじゃなかった。

茉菜さんがそう思った、次の瞬間。

「ほら、また鳴った！　来た来た！　来てるぞ！　お前ら、さっさと見てこい！」

彼が大声を上げて玄関扉を指差した。茉菜さんには、やはり何も聞こえない。

隣に座る理恵を見れば、不安げな表情を浮かべている。

「おい、早く！　まだ鳴ってる！　鳴ってるから！　畜生、お前ら一体何しに来たんだ！

早く！　早く見てこいって！」

これ以上、彼を興奮させるのは危険だ。茉菜さんはそう考えた。

とりあえず確認するふりだけでもしておこう。

腰を上げかけたところ、理恵が立ち上がった。

「茉菜は大丈夫。私見てくるから」

と言って理恵は玄関扉に近づき、ドアスコープを覗き込んだ。

「いるか？　なあ、誰かいるのが見えるか？　もう来るなって、ピンポン鳴らすなって言ってやってくれよ。頼むからさあ」

とうとう彼は頭を抱えてうずくまってしまった。

理恵はといえば、ドアスコープの向こうを見つめたまま、微動だにしない。

「ちょっと、理恵、大丈夫なの？」

茉菜さんが訊ねると、理恵がこちらを向いた。

「全然大丈夫じゃない」

「え？」

玄関に並べた二人の靴を手に取ると、呆然とする茉菜さんの手を掴み、理恵はそのまま窓のほうに歩いていく。

「ちょ、ちょっと、理恵？」

「おい、お前、何やってんだ？　まだピンポン鳴ってるだろ！　どうにかしろよ！　おい、ふざけんな！」

二人の声には一切耳を貸さず無言でベランダに出た理恵は、そのまま手摺りを乗り越え、アパートの外に着地した。

「茉菜もおいで」

「う、うん……」

言われるがまま、茉菜さんもそれに続いた。

背後からは彼の怒鳴り声が聞こえたが、一度も振り返らなかった。

「彼、もう手遅れだと思うよ」

駅前のスーパーで買った粗塩を茉菜さんと自分に振りかけながら、理恵はそう言った。

冷たい口調だった。

これまでの流れから、大方そういうことなのだろうとは茉菜さんも思っていたが、いざ理恵の口から聞かされるとゾッとした。

「理恵、あいつの家でドアスコープ覗いたじゃん？」

「うん」

「あのとき、何が視えた訳？」

茉奈さんの問いかけに、理恵は短く溜め息を吐いた。

「あの人さあ、ちょっと前まで地下アイドルやってたでしょ？　で、今はホスト」

「う、うん……」

「女癖悪かったんだよね？」

「そうだけど……」

「あれは相当恨み買ってるよ。まだ家の中には入れてないみたいだけど、時間の問題。玄関の前に列作ってるもん。生きてるか死んでるかも分からないのが、わんさか」

彼からはその後、何度か電話やメッセージが来たが、全て無視した。当然ではあるが、もう二度と関わり合いになりたくなかったのだ。

その一件から二、三カ月経った頃、たまたま入ったバーで知人の男性に出くわした。彼の友人で、以前何度か食事をしたことがあった。

茉菜さんが軽く会釈をすると、男性は隣の席に移動してきた。

「茉菜ちゃん、あいつのこと聞いた？」

「いえ、最近は連絡取ってませんから……」

そう答えたところ男性は一拍置いて、こんなことを言った。

「実はちょっと前から連絡が付かないんだよ」

「えっ？」

「あいつの職場の子から聞いた話なんだけどね……」

時期的に茉菜さんと理恵が彼の家を訪れて以降のこと。

彼はどんどんおかしくなっていった。

無断欠勤や遅刻が増え、病的に痩せた。

ぶかぶかのスーツを着て接客する姿は、さながら幽鬼のようだった。

「おまけに接客中に妙なことを口走ってたらしいんだ」

「妙なこと？」

「確か『ピンポンが聞こえる』とか何とか」

理恵さんの二の腕がぞわっと粟立った。

――あれは相当恨み買ってるよ。

――玄関の前に列作ってるもん。

「そのせいであいつ、源氏名とは別に『ピンポン』ってあだ名で呼ばれてたらしいよ」

男性が言うには、連絡が付かなくなる直前、彼は――ピンポンは――接客中にいきなり常連客の一人の鼻面に拳を叩き込み、倒れた上に馬乗りになった。

「やめろ！　ピンポン鳴らすな！　うるせえから！　いい加減、ピンポン鳴らすのやめろって！　なあ！　まだ鳴ってるだろ！　おい！　お願いだから、もうピンポン鳴らさないでくれよ！」

そんなことを言いながら、ぐいぐいと客の首を絞めていたとのこと。

店側がケツ持ちのヤクザに泣きついて、警察沙汰だけは逃れたそうだが、ピンポンは相当に焼きを入れられた。

無論、店も馘首《かくしゅ》されたが、それ以来、自宅にも帰っていないのだという。

「あいつ、ひょっとしてよくないクスリでもやってたのかな……？」

暗い表情でそう呟く男性に、茉菜さんはただ無言で俯くことしかできなかった。

カツン、ずずず

由里香は毎年買ってすぐに手帳に幾つかの日付を書き写す。

親しい人の誕生日。

絶対に外せない記念日。

そして、今まで飛び降り自殺を目撃した日付だ。


彼女は大学二年生の一月二十二日に、変な女に出会ったのだと述懐する。

とても寒い日だった。生活するワンルームマンションを出て、急ぎ歩きで駅に向かう途中だった。駅までは十分程の距離だ。

友人達との約束の時間に遅れそうになっていた。駅前のスクランブル交差点で待たされたが、その隙にスマートフォンに何時頃に到着するかを入力する。そのとき、視界の隅で周囲の人々が歩き出す気配がした。

彼女はそれに釣られて、画面を見たまま歩を進めた。

人の波に合わせて交差点を斜めに横断していく。だが、渡り切ろうというところで、すぐ目の前に小柄な女性が立っているのに気が付いた。

視界に入ったのは、黒いエナメルのハイヒールだった。

顔を上げると、真冬なのに真っ白の薄手のワンピースを身に着けていた。

——おかしな人だ。

この季節にこんな薄手の格好をしていること自体がおかしい。

関わりたくなかった。

「ごめんなさい！」

由里香は声を上げて立ち止まった。刹那、女性と目が合った——気がした。

「二回飛び降りたけど、死ねなかった」

耳元で女性の絞り出すような声がしたときには、もう彼女の姿はなかった。

立ち尽くしたまま周囲を見回すと、交差点の信号は、もう赤に変わっていた。由里香は彼女が渡り終えるのを待っている車に会釈をすると、早足で交差点を渡り切った。

友人との約束には辛うじて間に合ったが、その日は一日中様子がおかしかった。

あの交差点の女性が、ちらちらと視界の端に入ってくるのだ。

途中で入ったカラオケでも、時折ドアの外から覗かれている気がする。そのたびに立ち上がってドアの外を確認していると、友人達が呆れた顔をした。

「由里香、今日どうしたの。何かおかしいよ」

「ストーカー？」

友人の一人がストーカーと言い出したのがきっかけで、面々は今日は同行していない友人が、以前ストーカーに遭った話で盛り上がり始めた。

だが、その話は由里香を怖がらせるだけだった。


その後、友人達には体調が思わしくないと告げて、由里香は予定よりも少し早めに帰ることにした。

一人で駅までの道を歩いていると、不意に冷たいビル風が吹いて髪の毛が舞った。立ち止まって髪を押さえた直後、目の前で何か聞いたことのないような大きな音がした。

最初は何か白いものが落ちてきたことだけが理解できた。

飛び降りだと気付いたのは、赤いものが周囲に流れ出してからだ。

由里香はそれが着地した瞬間を見てしまっていた。落ちてきたそれは、片方の大腿骨が喉を突き破って飛び出していた。

着ている服にも靴にも血が飛び散っていた。

カツン、ずずず

――白い服。黒いエナメルの靴。靴裏は赤く塗られている。

駅前でぶつかりそうになったあの女性と結びついた瞬間に、意識が持っていかれそうになった。

倒れそうになったところを、通行人の一人が支えてくれた。

以来、彼女は数年に一度の頻度で飛び降り自殺を目撃している。

それには例外なく前兆がある。一人で街を歩いていると、後ろからハイヒールの足音が付けてくるのだ。ただ、カツンという音がした後で、アスファルトをヒールの部分が擦るような、ずずずという音が続く。カツン、ずずず。カツン、ずずず。

周囲を見回しても、その足音に該当する人物はいない。

その音を聞くがままにしていると、降ってくる。

飛び降りようとしている瞬間に立ち会ってしまうこともある。そのときは、必ずあの女の姿をしたものが飛び降りるのだ。

ビルの端に立つ白いワンピース姿。それが、プールサイドからプールの水に足から飛び込むように宙に舞う。何げなく。迷いなく。音もなく。

実際には男性であったとしても、毎度変わらない。

きっとトラウマが見せている幻覚なのだろうと思っている。

由里香は、その足を引き摺るハイヒールの音が聞こえると、できるだけ低い建物しかない場所に移動することにしている。

やり過ごせているのかどうかは分からない。

それでも数年に一度は遭遇してしまうからだ。

既に手帳に書かれている日付は、七日にも及んでいる。

これが増えることはあれども、減ることはもうない。

できれば、もう増えてほしくはないという。それはそうだろう。

だが、彼女の一番の悩みはそこではないという。

彼女が現在住んでいるのは、十四階建てのマンションの十一階だ。

大学時代を過ごした街からは、仕事の関係で何度か引っ越している。

だが、彼女の元には、あの女性がやってくる。


夜、眠れずに起きていると、階段をゆっくり上ってくる例の足音が聞こえる。

足音は自分の住むフロアで立ち止まる。

カチャ。

カツン、ずずず

ドアの鍵の開く音がする。

家にいる間、玄関のドアに鍵は忘れずに掛けている。夜寝る前にも神経質なほどに確認している。それでも侵入《はい》ってくる。

キィ。

鉄のドアが開く軋《きし》む音。

カツン、ずずず。カツン、ずずず。

あの女性の足音だ。それはリビングをぐるぐる移動すると、ベッドルームに入ってくる。

ドアは開かない。ただ、気配があの女だと告げている。

掛け布団を頭から被って震えていると、気配はすぐ真横にまでやってくる。

「――また死ねなかった」

由里香にそう一言報告を残して、気配は消える。


「早く死んでほしいって、ずっと思ってるんです。でも、既に何回も死んじゃっている人って、どうやって殺せばいいんでしょう」

彼女は明確に〈殺せば〉という言葉を選んだ。

だが、その問いに答えられる言葉は何処にもなかった。

守護霊誅殺

現在、とある大企業の広報を担当している志麻さんはおかしなものを視る力が強い。

「うちの実家、元は神官の血筋だっていうんだよね。まあ話半分だけど、確かにそういうのを視たり感じたりする親族は多いみたい」

これまで視た中で一番凄かったのは？　と訊くと、

「それは間違いなく、自分の守護霊」

即答である。

「あんまり話したくないんだよなあ。このやりとりだって、絶対に聞かれてるし」

と言って自分の背後を指差すが、無論、鈍感な当方には何も視えはしない。

そこそこ値の張るワインをボトルで入れて、ようやく詳細を伺うことができた。

「じゃあ話すけどさあ、笑ったりしたらガチで祟られるからね？」

「あんたの〈後ろの人〉は大したもんや」

志麻さんは昔から、よくそんなことを言われた。

視えるだの視えないだのという話をするのは母方の親族で、特に彼女の大叔母はそうした力が強いと評判だった。今はもう寄る年波に勝てず引退してしまったが、一時期は宗教法人の代表をしていたこともあったらしい。

「それは最早、神仏の域にまで達してるもんや。ありがたい、ありがたい」

たまに会う大叔母は、そう言って志麻さんに手を合わすのである。

そして当の志麻さんにも、その〈後ろの人〉に心当たりがあるのだ。

小さい頃、実家の前でボール遊びをしていた彼女は、バックしてきた配達の軽トラの後輪に巻き込まれたことがある。

あっ、死んだ、と思った。

自分の上を重いタイヤがめりめりと通り過ぎるのを感じ、その間、呼吸が止まった。

無傷だった。

家から飛び出してきた母親に抱き上げられた彼女は、自分を轢いた若い運転手のほうに視線を向けた。

そのとき、彼女の視界の隅を白い霞のようなものがびゅっと横切った。

それは呆然と立ち尽くす運転手の元に高速で移動し、目の前まで行くと、一瞬、大きく膨張して消えた。

志麻さんはすぐに病院に運ばれ検査を受けたが、骨にも内臓にも異常はなく、家族は泣いて喜んだ。

が、件のトラック運転手は会社を解雇された。結果的に無傷だったとはいえ、幼い女の子を轢いてしまったとの自責の念に悩み続けたらしい。

そうして事故から一年ほど経ったある日、志麻さん宅の前にある松の木で首を吊った。胸ポケットからは一言「お許し下さい」と書かれた遺書が見つかった。

運転手は縊死《いし》してからも数年の間、同じ場所にぶら下がっていた。

視えていたのは彼女と数人の親族だけだった。

年々姿が薄くなって、ある台風の日を境に消えてしまった。

「あれ、あそこでずっと詫び入れてたんやで。あんたに、というか正しくはあんたの〈後ろの人〉にやな」

そのときばかりは件の大叔母も、恐ろしいものを見るような目を志麻さんに向けていた。

〈後ろの人〉のおかげか、志麻さんは病気も怪我もなく健康に育ち、広島の大学を卒業後は地元の企業に就職した。

生来真面目な性格の彼女は一心不乱に仕事に打ち込み、三年後の人事異動で東京の本社に配属されることになった。栄転である。

但し、生活環境が大きく変わったせいで、その頃からメンタルが落ち込むようになった。男性関係でもケチが付いた。飲み屋で声を掛けられた男と軽い気持ちで交際し始めたのだが、実は相手は既婚者で一児の父でもあった。

生理が来なくなった。

男に相談したところ、酷い言葉を浴びせられた。連絡が付かなくなった。一人で病院に行った。同意書の配偶者欄には左手で、存在しない男の名を書いた。


もうこれで終わり、と思った。

数カ月後、男から連絡が来た。

「よかったら、また飲もうよ」

全身を憎悪の血が逆流した。

怒りで息ができなくなった。

殺す、と思った。刺し殺す。


約束の日、志麻さんはタオルに包んだ刺身包丁をバッグに忍ばせ、待ち合わせの店に向かった。

久しぶりに会う男は醜かった。豚のようだった。

そうだよな、だってお前は根からの畜生だもの。

そんな奴は今日私に屠殺されて当然だよ、うん。

志麻さんは男と酒を飲んだ。

途中、何度もトイレで嘔吐した。

ホテルに誘われた。予想通りだった。

苦痛というほかない行為を終え、泥酔していた男はすぐに鼾《いびき》を掻き始めた。

志麻さんはそっと起き上がるとバッグから刺身包丁を取り出し、無防備に裸体を晒す男のほうに向き直った。

さあ殺す。

殺すからな。

ザクザクに刺し殺す。

豚みたいに解体してやる。
二、三歩歩み寄ったところで、足腰の力が抜けた。
その場にへたり込んだ志麻さんの目の前に、白い霞のようなものが現れた。

あ、これってあのときの……。

不定形な気体状のそれがゆるりゆるりと像を結び、数十秒掛けて、ヒトの形を取った。

筋骨隆々の大男である。上半身裸の腰布姿だった。

強いて言えば、興福寺の金剛力士立像に似ていた、と志麻さんは後に述懐する。

地獄の獄卒が持っているような段平《だんびら》を携え、彼女を見下ろしていた。

しばし見つめ合った後、大男は微かに頷いた。

そのままこちらに背を向け、ゆっくりとベッドに近づいていく。

ああ、と志麻さんは嘆息した。

私の代わりに殺ってくれるんだ。

そう考えたのだが、事態は予想外の方向に転じる。

ベッドに横たわる男の枕元に、別の白っぽい煙のようなものが現れたのだ。

大男が近づくにつれ、その煙もまた少しずつヒトの形に収斂《しゅうれん》していき、いつしかカンカン帽にだぼだぼのシャツを着た、小柄な老爺の姿を取っていた。全体に、くすんだ佇まいだった。

大男は進みながら、上段に太刀を構えた。

それを見た老爺は一度びくりと身体を震わせたが、後はもうまるで蛇に睨まれた蛙のように硬直し、男の枕元に立ち尽くすばかりだった。

風を切る音こそしなかったものの、目にも止まらぬ速さで太刀が振り下ろされ、袈裟斬りにされた老爺が仰向けにどうと倒れた。血は出なかった。

直後、うわあああああ！　という絶叫とともに、ベッドから男が飛び起きた。

大男も老爺も消えていた。

目覚めた男はしきりに、

「怖い夢を見た、怖い夢を見た」

と繰り返した。全身汗だくで、ガタガタと震えていた。

「プロレスラーみたいな大男に殺される夢だった。それもこの部屋で。俺が？　そうじゃない。誰だか知らないけど、自分の大切な人がデカい刃物で斬り殺されるんだ。怖かった、本当に怖かった……」

刺身包丁は、結局使わなかった。

その必要がなかった。

「それで、その男はどうなったの？」

志麻さんは無表情でこう答えた。

「生きてるよ。今じゃもう一人で用も足せなくなってるけど」

「…………」

「寝たきりだって。奥さんにも見放されたみたい。薄情だよねえ。今後どうなるかは私にも分からないけど、よくなる見込みはないんじゃないかな」

だって、と志麻さんは続けた。

「あいつの〈後ろの人〉はもう死んじゃったもんね」

言いながら、自身の背後をちらりと見遣った。

無論、鈍感な当方には何も視えはしない、が。

念の為、きちんと手を合わせておいた。

二段ベッド

大学生の濱中は築半世紀は経とうかという古いアパートで一人暮らしをしていた。

割と気まぐれかつ不真面目な男で、大学にはあまり顔を出さず、パチンコばかりしていたかと思えば、急に小難しい思想について話題にしたりと、おおよそ現代的な大学生には思えなかったという。

あるとき、友人の藤島君が彼を訪ねると、狭い部屋には似つかわしくない、木製のしっかりした二段ベッドが設えてあった。

「どうしたのこれ」

明らかに前回訪れたときよりも部屋が狭い。すると濱中はにやりと笑みを浮かべた。

「拾ったんだよ」

話によると、近所の大きなマンションのゴミステーションに捨てられていたのだという。

藤島君は以前から彼がそのゴミステーションに忍び込んでは、まだ使えそうな家電品を持ち帰ったりしているのを知っていた。しかし、二段ベッドを一式全て持ち帰る情熱と労力は尋常ではない。

「まだ結構新しいなぁ」

そうコメントすると、濱中は満足そうに頷いた。

彼は二段ベッドの上の段に大量の本と漫画、テントやシュラフなどのキャンプギアを載せていた。どうやら上の段は収納として使うつもりのようだ。頑丈な二段ベッドの下で寝ていれば、地震が起きても倒れてきた本棚の下敷きになることもない。そう濱中は得意げに説明した。

――そんな地震が起きたら、このアパートごと崩れるだろうな。

藤島君はそう思ったが、そんな野暮なことは指摘せず、ニコニコしていた。


翌週、濱中は学校に姿を現さなかった。

講義をサボる癖があるのは分かっていたが、流石に一週間も姿を見ないと藤島君も心配になった。そこで体調を心配する文言をメッセンジャーで送ると、数時間して奇妙な返信が戻ってきた。

〈上の段に何かがいる。大学には来週から行く〉

途中を省略し過ぎていて何を意味しているのか理解できない。上の段とは例の二段ベッドの上段ということだろう。しかし、何かがいる、の意味が分からない。

――行ってみるか。

藤島君は週末に濱中のアパートを訪れた。ボロボロの外階段を上り、奥の部屋に向かう。

「濱中ー！　いるかー！」

声を掛けてドアを開くと、鍵は掛かっていなかった。あっさりと開いたドアの先では、何匹もの蝿が舞っていた。

臭いが酷い。

――まさかあいつ死んでるのか。

土足のまま部屋に入ると、二段ベッドの下の段で布団の山が動き、家主が顔を出した。顔色が悪い。両目の下が真っ黒に変色していて、先日までの太々しさがまるで感じられない。

「どうした。何だよこの臭い。酷いぞ。何か腐ってるんじゃないか」

そう苦言を呈すると、濱中は「ああ」とだけ返してまたベッドに横になった。

藤島君はその様子に、友人の体調が相当悪いことを把握した。

「とにかく、虫もいるから換気するぞ。あと何か欲しいものがあれば買ってくるから」

そう声を掛けながら窓を大きく開け放った。風が流れ込んできて、滞留していた毒気の含まれていそうな空気を押し流していく。

「食い物買ってきてくれるか。ここ数日、何にも食べてない――」

力なく言う友人のほうを向くと、彼は何故か右腕をベッドの上に伸ばしていた。

〈上の段に何かがいる〉

藤島君は濱中から送られた文面を思い出した。

ベッドに近づくと、友人は二段ベッドの上段の床に当たるすのこ部分から、指を突き出している。

この男は何をやっているのだろうと疑問に思ったが、それよりも先に、とりあえず食い物だ。そう考えて近所のコンビニに買い出しに向かった。


「ゼリー飲料とか、スポーツドリンクとか買ってきたけど、あとはパンとか」

コンビニから戻ってそう声を掛けると、濱中はまだ腕を上げたままだった。

「後で食う」

うっすら笑みを浮かべている家主は、心配する友人のことが眼中にないようだった。流石の藤島君もカチンときた。

「後でって何だよ。折角買ってきたんだから、今すぐ食えよ。腕上げて何やってんだ」

濱中は、投げかけられた言葉に動じたそぶりも見せず、ゆっくりと口を開いた。

「——舐めさせてんだ」

その言葉に藤島君が二段ベッドの上段へ視線を向けると、大きな蕪のようなものが転がっていた。腐っているのか、所々薄黒く変色している。

「……まうぁ」

蕪が小さく声を上げた。

その声に足元が覚束《おぼつか》なくなるような違和感が湧き上がった。だが、次第に意識のピントが合ってきた。それは蕪ではなく、血の気なく変色した赤ん坊の頭部だった。

脳がそう認識した途端に、藤島君は叫び声を上げた。

「何なんだよあれは！」

ベッドから引き摺り出された濱中は、アパートの外に連れ出された。彼は碌に着替えていなかったのだろう。悪臭が漂っている。

「だから、上の段に何かがいて、指先を舐めてくるんだ。それが心地良くて、一日中そうしてた。大学には来週から行くって言っただろう」

濱中は夢を見ているような表情で答えた。目が虚ろだった。

「ちょっとその指貸してみろ」

その言葉に、彼は言われるがまま右手を差し出した。その人差し指が他の指と明らかに違っている。脂が抜けてカサカサになり、まるで老人のそれだ。

「何なのお前、めっちゃ臭いし」

感情の赴くままに声を荒らげた。だが、濱中の意識は、完全に自室に向けられており、藤島君の発言は届いていないようだった。

「俺にも分からないんだ。分からないんだから仕方がないだろ。ただ――凄く気持ちいいんだ」

「あのベッドのせいだろ。何だよあの赤ん坊――赤ん坊の首は！」

藤島君の必死の叫びに、濱中は蕩《とろ》けるような笑みを見せた。

「ああ、あれは赤ん坊の首だったのか。藤島、教えてくれてありがとうな。来週には学校に行くよ――」

そう残して、彼はのろのろと自分の部屋に戻っていった。

それ以来、藤島君は濱中の姿を見ていない。彼のアパートの部屋は、二カ月もしないうちに荷物も撤去され、彼の消息も杳として知れない。

拾った猿

池袋の飲み屋でたまに一緒になる椎名さんは、友人の桐谷から「近所にこんな公園があるから見にいこう」と誘われた。そこは以前、とある殺人事件の犯人が、被害者のバラバラにした身体の一部を遺棄した公園だった。

椎名さんも桐谷も、そういった猟奇事件や未解決事件についての動画を観たり考察したりするのにハマっていたのである。

私は少し離れた席で酒を飲みながら、椎名さんが連れの男性にそんな話をしているのを聞いていたのだが、

「その公園で気持ち悪いもん見つけちゃってさ」

椎名さんがそう口にしたので「おや？」と興味を惹かれた。

何だか怪談らしい雰囲気になってきたな、と思ったのだ。

それで椎名さんに声を掛け、同じ席で話の続きを聞かせてもらった。

以下はその概要である。

椎名さんと桐谷がその公園に行ったのは、一週間ほど前のこと。

そこは住宅街の中にある児童公園で、今はもう撤去されてしまったゴミ箱から被害者の腕が見つかったらしい。

いざ到着してみると、当たり前だが何処にでもあるただの公園だった。

問題のゴミ箱も既に存在しないのだから、見るべきものは何もない。

しばらく園内をぶらぶらしてみたものの、五分もしないうちに飽きてしまった。

そろそろ帰ろうか、という空気が流れ始めた頃、桐谷が突然「おおっ！」と叫んで砂場のほうに走っていった。

何か面白いものでも見つけたのかと椎名さんも後に続く。

シートで覆われた砂場の周囲には、小さなバケツやシャベルといった玩具類が放置されており、その中に一体の猿のぬいぐるみが横たえてあった。

桐谷が拾い上げたそれをよく見れば、全体が泥に塗れ、所々の縫い目がボロボロにほつれている。

更に椎名さんをギョッとさせたのは、ぬいぐるみの左肩から下がないことだった。

裁《た》ち鋏か何かで乱暴にちょん切られたらしく、切断面からは幾本もの繊維が飛び出ている。

椎名さんはそんなものに平気で触っている桐谷のことを「気持ち悪い奴だなあ」と思っ

た。しかし当の桐谷自身はまるで意に介していない様子で、

「いいね、いいね。雰囲気あるなあ」

などと言いながら、それをリュックの中にしまい出した。

「お前、まさか持って帰るつもりか？」

「うん。何か俺、妙に気に入っちゃったよ」

やめておけよ、と何度も止めた。けれど桐谷は結局、その猿のぬいぐるみをリュックに入れたまま帰宅したのである。

その日、私が椎名さんから聞けたのはそこまでで、これは怪談というより単に趣味の悪い友人の話であった。

「また何かあったら教えて下さい」

そう言って、私は店を後にした。

「桐谷の奴、いきなり連絡が付かなくなってしまったんです」

しばらくして同じ酒場で遭遇した椎名さんは、開口一番、そんなことを口にした。

聞けば半月ほど前から電話に出ず、頻繁だったＳＮＳの更新も止まっている。それで心

配した家族が住居を訪ねたところ、彼は忽然《こつぜん》と姿を消していたという。

「僕はこれを別の友人経由で聞いたんですが、実はあいつ、以前にも何度か失踪したことがあるんですよ。仕事とか人間関係が立ちゆかなくなると、パッと雲隠れしてしまう。だから今回もそうじゃないかと家族も慎重らしくて、まだ警察には届けていないそうなんですが……」


桐谷の失踪を知った日から、椎名さんは奇妙な夢を見るようになった。

夢の中で椎名さんは何故か桐谷の部屋にいて、テレビを観ている。

それは猿の着ぐるみ姿の人物が、火の点いた花火を尻に刺して駆けまわったり、頭から小麦粉をぶっかけられたりするくだらない番組で、どうして俺はこんなものを観てるんだろう、と椎名さんは呆れているらしい。

しかしそのうちに、彼はあることに気付いてしまう。

その着ぐるみの人物は、どうやら桐谷なのだ。

猿のかぶりものをしているせいで顔は見えないけれど、体型や挙動に見覚えがある。何よりたまさか漏らす「あっつぅー！」とか「ちょ、やりすぎだから！」などというリアクションの声が桐谷のものとしか思えない。

その後も桐谷らしき着ぐるみ男は、熱湯風呂に落とされる、屈強な半裸の男にタイキックを食らわされる等の手酷い虐待を受けていたが、あるタイミングで画面が暗転した。

次に映し出されたのは、オペ室を髣髴《ほうふつ》させる無機質なタイル張りの部屋だった。

着ぐるみ男は、手術台のようなものに両手両足を広げた状態で固定されている。

必死に身を捩《よじ》らせているが、脱出はとても不可能に思えた。

と、画面奥の暗がりから、白衣を着た人物が現れる。

ライオンの仮面を着けているせいで、表情は読み取れない。

手には巨大な鉈《なた》というか山刀《マチェーテ》のような刃物を持っている。

それに気付いた着ぐるみ男は不意に抵抗をやめ、ぐったりと項垂《うなだ》れてしまう。


「その後の展開は、とても説明できません」

と椎名さんは青い顔で呟いた。

「結論だけお伝えすると、要するに着ぐるみ男は、あの日、桐谷が拾った猿のぬいぐるみと同じ状態にされてしまう訳です。そんな夢をもう十日近く毎晩見ていて、おまけについ先日、こんなこともありました」

まだあるのか、と驚く私をよそに、椎名さんは続けた。

ある晩、アパートの外で煙草を吸っていた椎名さんがふと視線を上に向けると、電線の上に小さな影のようなものが見えた。

最初は猫か狸、あるいはカラスか何かだろうと思ったのだが。

影は電線の上にスッと直立し、椎名さんに右手を振ったのだという。

左肩から下がなかった。

その場に立ち尽くす椎名さんを尻目に、影はニホンザルを思わせる敏捷な動きで電線を伝い、姿を消した。

煙草の火がチリチリと指を焦がすまで、椎名さんはその場に立ち尽くしていた。

桐谷の行方は未だ知れない。

スイッチ

「ずっと後を付いてくるおじさんがいたんですよ」

美濃部さんは、疲れ切った顔で溜め息を吐いた。

彼の両腕にはびっしりと絆創膏《ばんそうこう》が貼られており、更に上から包帯が巻かれていた。


美濃部さんが〈おじさん〉に出会ったのは、二年ほど前に新居を探して内見を繰り返していたときだ。なかなか気に入る物件がなく、週末ごとに不動産屋を変えて探し続けた。ドクターショッピングという言葉があるが、あたかも不動産屋ショッピングだ。

半年ほど探し続けた末のことだった。一軒のアパートを紹介された。

——冷やかしで見ておくか。

駅からの距離が遠いので、元々求めている条件からは外れているのだが、それ以外は悪くなさそうだ。不動産屋に連絡を入れ、内見を予約した。

不動産屋の軽自動車に同乗して案内された物件は、想定していたよりも古いアパートで、雰囲気も暗かった。この時点で契約の目はない。

もしかしたら考えていたのと違う物件に案内されたのかとも思ったが、元々契約する気はないので、興味本位で確認してみることにした。

不動産屋が合い鍵を開け、スリッパを置いた。

美濃部さんは導かれるまま室内に入ったが、その様子に戸惑った。全く清掃が入っていない。埃臭いだけではなく、今まで嗅いだことのないような臭いが籠もっている。

不動産屋は窓を開け、物件の良い点を説明し始めたが、正直、良い点は家賃くらいに思えた。

「どうぞ。しばらく御自由に御覧下さい」

何故か彼は美濃部さんを残して、玄関から出ていった。電話を掛ける用事でもあるのだろうか。

室内をうろついていると、和室の押し入れの襖が薄く開いているのに気が付いた。

美濃部さんは、何の気なしに和室に足を踏み入れ、押し入れの襖を全開にした。

中にはまだ家財道具が入ったままだった。

「やめてよう。やめて下さいよう」

懇願《こんがん》するような小さな声が、押し入れの奥から聞こえた。

声は気弱そうな男性のものに思えた。

こんなところに人がいるはずがない。まさか不法侵入者だろうか。

興味を持った美濃部さんは押し入れの奥を覗き込んだ。

オンボロ家電や、壊れた脚立、古い行李や敗れかけた段ボールの隙間の、絶対に入れそうにないところに、中年男性がはまり込んで泣きそうな顔をしていた。

「それ以来、そのおじさんがついてきちゃったんですよ」

どれだけ押し入れの中を覗いていたか分からない。

いつの間にか戻ってきていた不動産屋から声を掛けられ、不動産屋に戻る途中も、横に小柄な中年男が座っている気がした。

帰宅途中のことも、一切覚えていない。

ただこの内見以来、美濃部さんは、あの気弱そうな中年男性と同居するようになった。

最初の一日二日は特に問題はなかった。だが一週間と経たずに我慢ができなくなった。

「何か物理的に変なことがある訳じゃないし、不幸なことが起きる訳でもないんですよ。匂いもないし、黙ったままだから音もしない。だから、無害といえば無害。ただ、たまらなく嫌だったんです」

部屋に帰ると、片隅に黙り込んだ中年男性が正座している。それが不快でたまらない。

無害だと頭では分かっている。周囲に段ボールなどで壁を作れば、姿は隠れる。だから、少し部屋は狭くなるが、生活に支障はないはずだ――。

何度も自分にそう言い聞かせた。理性では理解しているものの、感情のほうがもう限界だった。部屋の更新まで一年残っているが、元々引っ越すつもりだったのだ。

物件サイトを見て、一駅でも会社に近ければいいと、特に深く考えることもなく決めた。今よりも部屋が狭くなっても、この部屋でおっさんと暮らしているよりはいい。

引っ越し屋に見積もりを取って、翌週には新たなアパートに引っ越しを終えた。

新しいアパートに引っ越してから一週間ほど経った雨の夜だった。

玄関からカタンカタンという音が聞こえてきた。何が音を立てているのかと気になったので、美濃部さんは玄関を確認しに向かった。

音はドアの新聞受けから聞こえていた。郵便受けの蓋が、開いたり閉じたりしているらしい。

雨は降っているが、風が強い訳でもない。

何が起きているのだろうと覗き穴から外の様子を確認したが、誰もいない。

念の為に新聞受けを開けると、小さく哀願する声。

「やめて下さいよう。置いていかないで下さいよう」

全身に鳥肌が立った。おじさんが追いかけてきたのだと理解した。

もう部屋に帰れない。とにかく部屋自体が不快に思えるのだ。

美濃部さんはおじさんをどうすれば祓えるだろうかと、試行錯誤もしたらしい。

友人を部屋に招いて泊まってもらったこともある。だが、他人にはおじさんの姿は視えないようだった。

高名な神社や仏閣のお札やお守りも入手した。だが一切効果がない。

おじさんはただ部屋の隅で正座したまま辛気臭い顔をしているだけだ。

「引っ越すとしばらく消えてくれたんです。だけど一週間くらいで追いつかれちゃう。だから引っ越し続けないといけないんです。それ以外は本当に何もないんです。本当に一切無害。ん？　無害？　無害――？」

美濃部さんは、黙ってしまった。

しばらく黙った後で、彼は何かを思い出したようだった。

「今まで忘れてたんですけど、嫌なだけだったのが、怖くなってしまったのは、このスイッチを渡されたときでした」

彼は薄汚れたズボンのポケットから、手垢に塗れたペットボトルの蓋のようなものを取り出した。

何度目かの引っ越しをした後で、やはり一週間と経たずにおじさんは追いついてきた。ただ、今までと違うのは、彼がもじもじしながら、小さなスイッチを手渡してきたことだ。白いボタン状のスイッチで、押すと微かにかちっと音がした。

何のスイッチかは不明で、美濃部さんは一度押しただけで、放っておいた。

しかし数日放っておくと、もじもじしながらおじさんが近づいてきて、またスイッチを手渡してくる。受け取ると、嬉しそうににっこりと笑う。

特に意味もなく、かちかちとスイッチを押していると、おじさんが「やめればよかったのに。やっちゃいましたね」と呟いた。

何をやっちゃったんだか教えろと詰め寄っても、おじさんはニコニコしているだけだった。

意地になって、何度もボタンを押し続けていると、おじさんは卑屈そうな顔に、厭な感じの笑みを浮かべ、楽しくて仕方がないという口調で言った。

「そのスイッチで五人の人が死にました。そのうち一人はあなたも知っている人です」

口調からは、いつもの気弱な感じは消えていた。それが恐ろしかった。

そしておじさんは、それ切り黙ってしまった。


また逃げなくてはいけない。

何てことをしてくれるんだ。

悲しいのか笑っているのか、よく分からない感情が溢れていた。

誰かが笑っている。

誰だろう。厭な笑い方だ。おじさんの声か。

そのときに気が付いた。笑い声を上げているのは自分だった。濁った「え」の音が、いつまでも喉から溢れていた。


「——何でこんな大事なことを忘れていたんだろう」

美濃部さんは呆然とした。

それからも、彼はおじさんから逃げ続けた。

大きな荷物は次々に手放し、スーツケース二つにまとめた。

仕事も辞めた。

彼が出社したときに、直属の上司が心臓発作で倒れ、そのまま亡くなったという話を聞かされたからだ。亡くなった正確な時刻は分からなかったが、美濃部さんがスイッチをかちかちしていた時間帯と一致しているようだった。

彼は現在ホテル暮らしをしているという。ただ、ここひと月ほどは、ホテルというよりもドヤと呼んだほうが相応しい簡易宿泊所に滞在しているらしい。

「もう、引っ越し代も払えないいんですよ――」


「逃げ切れそうですか」

別れ際にそう訊ねると、彼は首を振った。

「もう手遅れです」

先週、とうとうおじさんに追いつかれたのだと美濃部さんは項垂れた。

追いつかれたとはどういうことかと訊ねると、彼は包帯を巻いた自分の腕を持ち上げた。

そして、自分の腕に穴が開けられて、疲れたときには、その穴の中におじさんの顔が見えるのだと説明した。

「穴の内側からおじさんがこっちを覗いてるんですよ。不快です。とても嫌なんですが、もう仕方がありません。逃げられませんから」

美濃部さんは悲しそうな顔をした。

「押しちゃいけないって分かっているんです。でも、我慢できないんです。時々狂ったように押したくなる。いや、本当に狂ってるんだと思うんですが――」

するとと頭の中に、おじさんの声が響くという。

「例えば、昨日はこんなことを言われました――人をミンチにしてはいけませんって、昔、学校で習いませんでしたか？　ってね」

その声が、とても嬉しそうなんですと微笑みながら、美濃部さんはスイッチをポケットに戻した。

罪業

数年前まで貿易関係の仕事をされていた千里さんは、学生時代、中国の黒龍江省を一人旅している最中に、街中で出会った髭の長い爺さんからこんなことを言われたそうだ。

「一体どうしてこの国に来たのか？　ここにはお前を百遍も八つ裂きにしてなお足りない鬼どもが無数にいるのだ。早く帰りなさい。さもなければ魂まで喰い殺されてしまうよ。そしてもう二度と、この国の土を踏んではいけない」

当時の千里さんの中国語能力は現在ほど高くなかったし、爺さんの言葉は北方訛りが強過ぎて、全てを聞き取れた訳ではなかった。ただ大体において以上のような内容だったという。

当然、彼女に心当たりはない。

どういう意味か問うと、老爺は首を横に振り、

「罪孽深重的《ズウィニエシェンチョンダ》（業が深いことだ）」

と呟いてふらふらと歩き去ってしまった。

千里さんは頭のおかしい老人の戯言《たわごと》と気にせずにいたが、帰りの飛行機の中で首に痛痒

さを覚えた。見れば首の右側が赤く腫れ上がり、熱を帯びている。あれよあれよという間に無数の湿疹が出て、激痛で首を曲げることもできなくなった。

病院では帯状疱疹と診断された。旅のストレスが原因で、免疫力が落ちたのだろうとのことだった。

処方された抗ウィルス薬とステロイド剤のおかげか、症状自体は十日ほどで治まったものの、彼女の首の右半分にはうっすらと帯状のケロイドが残ってしまった。それを気に病むあまり、一時期は心療内科に通っていたこともあるそうだ。

中国旅行から七年後、千里さんには婚約者がいた。

相手は職場で知り合った中国人男性で、上海の一等地にある彼の実家では、庭の池に数十四の錦鯉を飼っていた。絵に描いたような富豪である。

父親は投資のアドバイザーをする傍ら大学で教鞭《きょうべん》を執り、母親は服飾関係のデザイン会社を経営している。

自分には不釣り合いでは？　と千里さんは内心ビクビクしていたが、挨拶に訪れた彼女を見て、先方は終始柔和な笑みを絶やさなかった。

こんな素敵な娘さんを嫁に迎えることができて、息子は果報者だ。

私達は日本と日本人を尊敬している。

結婚式は日本と中国、両方で挙げたらどうだろう？　勿論金銭面でのサポートは惜しまないし、親族になる以上、あなたの御両親にも是非一度お会いしたい。

ゆくゆくは、できることなら上海に住んでほしい。けれどあなたは一人娘とのことで、そうなれば御両親も寂しがるに違いない。お互いの仕事のこともあるから、まずは日本でゆっくりと新婚生活を楽しんでほしい。


婚約者とはいえ赤の他人の家に泊まるのも疲れるだろうとの気遣いから、滞在中はホテルまで用意してもらった。

流石に事が上手く運び過ぎな気がした。けれど婚約者は、未来の妻に自分の生まれ育った土地を見せて回るのが嬉しくて仕方ないらしい。

彼の案内で上海の街中を観光しているうちに、千里さんの不安も薄れていった。

滞在三日目の晩、二人は外灘《ワイタン》の夜景を見に行った。

上海市内を貫流する黄浦江《ホアンプーチアン》を挟んで対岸の浦東《プードン》地区には、東方明珠塔を始めとした超高層ビル群が林立し、背面には租界時代の名残であるヨーロッパ建築が軒を連ねている。俗に百万ドルと謳われる絶景スポットである。

観光客の多さにやや辟易《へきえき》したものの、夜景は素晴らしかった。

何年先になるか分からないけれど、いずれこの土地に住むのも悪くないかもしれない。千里さんは素直にそう感じた。

「姐姐《ジエジエ》、姐姐《ジエジエ》（おねえさん、おねえさん）」

幻想的な眺めに感動し、目を潤ませていた千里さんの袖を誰かが引いた。

見れば、彼女のすぐ横に一人の少女が立っている。年齢は、恐らく四、五歳くらい。目が覚めるほど美しい顔立ちだったが、服装が変わっていた。麻で織られた粗末な上着に太いズボン、布製の靴という、奇妙に古風な出で立ちなのである。

「姐姐《ジエジエ》、要不要這個《ヤオブーヤオジエイガ》（おねえさん、これ要らない）？」

そう言って、少女は一輪の白い花を差し出してきた。茉莉花《ジャスミン》らしかった。

なるほど、花売りか、と千里さんは納得した。それならこの格好も理解できる。奇抜な装いで観光客の目を惹こうとの魂胆だろう。

「我不要《ウォーブーヤオ》、謝謝《シエシエ》（私は大丈夫、ありがとう）」

千里さんの返事を聞くと、少女は上目遣いに彼女の顔を見つめた。

「罪孽深重的《ズウィニエシエンチヨンダ》」

「えっ？」

持っていた花を千里さんにぐいと押し付け、少女は走り去った。踵を返す間際、おかしくてたまらないという笑みを浮かべていた。

「うわっ、君それ一体どうしたの？」

しばし呆然と少女の後ろ姿を眺めていた千里さんは、婚約者の声でハッと我に返った。

「あ、この花？　今花売りの女の子が……」

手元に視線を落として、千里さんは愕然とした。

つい一瞬前まで白かった花が、無惨に萎れているのだ。

「花売り？　そんな子が何処にいるの？」

婚約者は気味が悪そうに千里さんを見つめている。

突然、千里さんの襟足に激痛が走った。鋭利な刃物で何度も突き刺されるような痛みで、呼吸もできないくらいだった。人目も憚《はばか》らず悲鳴を上げ、その場にうずくまった。

慌てた婚約者がすぐにタクシーを呼び、近くの病院まで運んでくれたが、移動中、千里さんの首は見る見るうちに赤く腫れ上がっていった。

病院に着く頃には、七年前と同じ湿疹が首の左半分を覆っていたそうだ。

「それが五年前のことです」

千里さんは、ほうっと短い溜め息を吐いた。

「結局、婚約の話はなかったことになりました。勘違いしないでほしいんですけど、彼と御両親は最後までよくしてくれました。入院中、三人に一連の出来事を話したら、物凄く狼狽してしまって、わざわざ台湾から道士っていう人まで呼んだんです」

やってきた老人は、病室の彼女を一目見るなり低く唸り、その場に唾を吐いた。顔が青褪めていた。

首だ、と老人は言った。

あなたの周囲をたくさんの生首が飛びまわっている。大部分は辮髪《べんぱつ》だから、かなり昔の人達だろう。これは現在のあなたではなく、生まれる前のあなたに関わる問題で、詳しい事情は私にも分からない。分からない以上は打つ手立てがない。私の功夫《クンフー》が足りないことを申し訳なく思う。即刻、日本に帰国なさい。そして二度とこの国を訪れてはいけない。

「罪孽深重的《ズウイニエシエンチヨンダ》」

助かる方法はそれしかない。

話の締めくくりに、老人はそう呟いたという。

「そのお爺さんは、今回が本当に最後だって。この国で暮らすなんてもってのほかだし、彼の家族と縁を結んでしまうのも危ない。そんなこと言われたら、もうどうしようもないじゃないですか」

あまりの内容に言葉を失う私に、千里さんは微笑みかけた。

「もう済んだことですよ。今は、ちゃんと幸せですから」

言いながら、隣の席で退屈そうにオレンジジュースを啜《すす》る女の子を見つめる。

夫婦仲は円満、可愛い娘さんにも恵まれ、現在の生活に何の不満もない。

「これで話は全部なんですけど……あ、最後にこれ」

千里さんは指先で、首元をそっと撫でた。

「やっぱり、ちょん切るぞって意味ですよね？」

十二年前は右半分、五年前は左半分。

千里さんの華奢《きゃしゃ》な首をぐるりと一周するように、湿疹の痕は今も残っている。

愛故に

光下さんの悩みは、最近部署に入ってきた派遣社員の清水さんだった。

四十代の男性で、背が低く、前髪が後退しており、一言で言えば風采の上がらない容姿だ。それだけでも女性社員の受けが悪いというのに、以前大会社に勤めていたという経歴をやたらと鼻にかけていて、パートの女性達や他の派遣社員、更には周囲の社員に対してまで、上から目線で対応するという困った人物だった。

彼の言動からは、明らかに周囲を小馬鹿にしているのが伝わってくる。彼は男性にしては甲高い声で、口癖のように、「そんなことも分からないんですか?」と繰り返すからだ。

今や部署全体で彼に好意を抱くものはいない。

つまりは腫れ物のような存在なのだが、彼本人は周囲の人々を小馬鹿にすることがアイデンティティーなのか、積極的に周囲に絡んでは嫌味を織り交ぜたコミュニケーションを繰り広げようとする。

だが、光下さんは同じ部署で隣の机と、逃げられない状態ということもあり、清水さんとの接触を避けることもできない。それならばせめて笑顔で接することで、関係を悪くしないという対応を取ることにしていた。

「ありがとうございます、光下さん」

その甲斐があってか、誰に対しても横柄な態度の清水さんが、彼女に対しては比較的まともに接してくれる。彼の仕事のサポートに対して、礼を言ってみたりもするのだ。他の人間と接するときには考えられない対応だ。

ただ、気になる点があった。既婚者の光下さんを見る清水さんの視線が、どうしてもいやらしいものにしか思えないのだ。

「今日もお綺麗ですねぇ」

「はぁ。ありがとうございます」

きっと清水さんは何か含むところがあって言っている訳ではないだろう。

光下さんは、毎度そう自分を納得させようとする。内心を悟られないように、作り笑顔を浮かべながら、そそくさと離れる。無意識に腕を摩《す》ってしまう。鳥肌が浮いているのだ。ねっとりと絡みつく視線が気持ち悪くて仕方がない。

これも仕事の一環なのだから、我慢だ。我慢。

そう自らに言い聞かせながら、彼女は仕事に集中するように努めた。

パートなので、派遣社員よりも早く帰れるのも救いだった。

清水さんが、自分がどの路線のどの駅を利用しているのかといった個人情報を周囲から聞き出そうとしているという話も聞こえてきた。

皆はそれに応えずにいてくれているようだ。

しかし、もし清水さんのほうが帰りが早かったら――。

自宅まで跡をつけられていたかもしれない。

光下さんはそれが恐ろしく、会社に通う路線も、複数路線を使い分けることにした。


ある朝、出社途中の光下さんは、最寄り駅で清水さんから声を掛けられた。

「おはようございます。光下さんは今日もお綺麗ですねぇ。素晴らしいです」

「おはようございます――。清水さんがどうしてこの駅に？」

「いやいや、ははは。たまたま友人宅がこの駅の近くでしてねぇ。昨晩はちょっと泊まらせてもらっていたんですよ。いや、ちょくちょく泊まってるんですよ」

品定めをするかのように頭の先から爪先までを遠慮なく絡ませてくる視線も嫌だったが、それよりも同僚が気を付けるようにと聞き出してくれた彼の家とは方向が真逆なのだ。

――ちょくちょく泊まってる？

何で？　昨日も平日なのに？　わざわざ逆方向からやってきて？

視界が揺れる。

最悪だ。最寄り駅がバレてしまった——。

頭の中に危険を叫ぶサイレンが鳴り響いている。

清水さんは、この朝日の中でも、明らかに狙いを付けた捕食者の目で光下さんのことを睨み付けてくるのだ。

「ちょっと失礼します」

「会社まで一緒に行きましょうよ。偶然とはいえ、折角会社の同僚と朝から会えたんですし。デート気分でいいじゃないですか」

清水さんは、自分に会えて嬉しいはずと微塵も疑っていないようだ。

「いえ、ちょっと忘れ物をしてしまったので、一旦家に——」

「それなら僕も一緒に行きますよ」

何を言い出すのだろう。

「失礼します。清水さんは遅刻しちゃいますから、どうぞ会社に急いで下さい。係長からは私のほうから連絡しておくので、御心配なく」

足早にタクシー乗り場へと急ぐ。このまま家まで戻ると、きっと尾行してきた清水さんに、自宅で襲われる――。

次の日も清水さんは駅に立っていた。それも改札口の前で誰かを探すようにきょろきょろと周囲を窺っている。明らかに自分を探している。

その場を離れ、たまたま休みだった旦那さんに連絡を入れ、一つ先の駅まで車で送ってもらった。

「あれ。今日はお休みかと思ってましたよ」

遅れて出勤してきた清水さんからは、なじるような口調でそう言われた。

吐き気がした。

明らかに一線を越えつつある。もう立派なストーカーだ。まとわりつきで、警察に相談するべきかもしれない。

週末になっても、不安と緊張は取れない。

「お前大丈夫か？　顔色悪いぞ」

旦那さんから指摘されて、光下さんは夢見が悪いのだと打ち明けた。

毎晩、夢の中で黒い影に追いかけられる。

「その清水って奴のせいだろ。俺が話を付けてくるか？」

不安が、夢に反映しているのだろう。

「大丈夫よ。あんまり酷かったら係長に言うから」

「仕事辞めてもいいんだからな」

優しい旦那さんの優しい言葉に頷きながら、会社を辞めることも考えなくてはいけないかと、内心溜め息を吐いた。

仕事は好きだが、このままでは身の危険があるかもしれない。

昨日、清水さんのＰＣの画面に、〈女性　飼い方〉という検索画面が開きっぱなしになっているのを目撃してしまった。

だが、こんなことで辞めるのは悔しかった。


ある休日に、近くのショッピングモールで清水さんを発見してしまった。

「何でいるの――」

そう呟いた途端に、自分の状態が普段と違うことに気付かされた。

足がすくんで前に出ない。

旦那さんに守ってもらいながら家に帰った。

「あいつが清水とかいう奴か。顔は覚えた。何かあったら俺が守るから」
旦那さんの思いやりに涙が止まらなかった。

一方で清水さんと光下さんとの関係は、周囲からは問題はないように見えているらしい。顔を合わせるたびに清水さんからは、歯の浮くような美辞麗句が投げかけられた。褒めてくれるのだからいいじゃないかと周囲は言うのだが、ストーカーからの褒め言葉など、ありがたくもない。

視線はあからさまに性的なものだ。それだけでも気持ちが悪いというのに、彼が最寄り駅に立っている朝は、タクシーで次の駅まで移動する必要もある。経済的にも大打撃だ。

しかし、どうして自分の行動範囲にまで清水さんが現れるようになったのか、不思議で仕方がない。そこで会社で聞き込みを始めると、すぐに同じパートの中国人女性が、光下さんのことを清水さんにあることないことペラペラと話していたことが浮かび上がった。

女性は悪びれることもなく、美人で男性にちやほやされている光下さんのことが、気に入らなかったからだと白状した。

どうやら光下さんが清水さんに惚れているし、今は旦那さんともセックスレスで、誘えばすぐに股を開くとまで言っていたらしい。

「もう仕事辞めろ」

事情を聞いた旦那さんは激昂した。

「まだ大丈夫。係長も注意してくれたから」

例の女性はまるで悪びれていない。清水さんに嘘を伝えたことを訂正しろと伝えたが、そんなそぶりは見せる様子もない。

文化が違うのかもしれない。

一方で清水さんも相変わらずだ。

「今日も綺麗ですねぇ。ちゃんと美貌に磨きを掛けて下さっているのが伝わります」

彼からすれば、自分に惚れてきた異性に対して、ごく普通にアピールしているに過ぎないのだろう。

ただ、ねっとりとした視線が絡んでくる。欲望を隠そうともしていない。

彼の頭の中では、自分がどんなことになっているのか、想像するだに恐ろしい。

彼は光下さんの前で時々立ち上がり、股間の前が膨らんでいるのを見せつけてくる。

そろそろ限界だ。

ある夜、布団に入った光下さんは、旦那さんの寝顔を眺めていた。

彼の言葉に甘えてもいいかもしれない。仕事を辞めた後のことを考える。

今までもストーカーに付きまとわれることはあった。結婚してからは減ったが、今回のはあまりにも酷い。引っ越しも考えなければならない。

そう思ったところで、足元にぬるりとした感覚があった。

何が起きているのかを確認しようと、身体を起こそうとするが動けなかった。

ぴちゃりぴちゃりと音がして、足の指先が生暖いものに包まれた。

しゃぶられている——！

するすると、足を手で撫で回すような感覚。段々とそれが太股辺りまでも延びてきた。

涙と吐き気が止まらない。

続いて、黒い影が足元から覆い被さってきた。影は顔に触れる程まで近づき、息遣いを荒くして言った。

「やっぱり今日もお綺麗ですねぇ。お風呂上がりだからですか。いつもより艶っぽくていいですねぇ」

嫌っ！　と叫ぼうとしても声が出ない。首を振ることすらできない。

呻き声も出せないこの状態で、何をされるのか

「綺麗なまま僕が飼ってあげますからねぇ。最初から飼ってほしそうな目で僕のこと見てましたものね――あなたがそういう性癖だって聞いて、僕も一生懸命勉強したんですよ」

「何してやがる！」

怒鳴り声とともに、旦那さんが影を殴りつけた。

影の顔が鈍い音を立てる。それは床に倒れる前に消えた。

消える直前に、小さな石か何かが畳に転がる音がした。

「大丈夫か！　怖かったよな」

旦那さんが光下さんを力強く抱きしめてくれた。

彼はわんわんと声を上げて泣く光下さんを抱きしめたまま、明かりを点けた。

畳の上には血の付いた歯が落ちていた。


「昨日は清水さん、朝起きたら、顔を何処かにぶつけてたって笑ってたんですよ。でも青痣は酷いし歯も抜けてて」

彼は、光下さんがお休みで良かったと笑っていたらしい。

「……そうなの」

清水さんのことなど聞きたくもない。

今日は会社を辞めるため出社したのだ。申し送りもしなくてはならないし、引き継ぎのために仕事の手順書も用意せねばならない。清水さんはまた性懲りもなくアピールしてきたが、無視だ。最初から興味も何もないのだ。ただ迷惑なだけだ。

休憩時間に、何かあったのかと心配してくれたパートの女性陣に、信じてくれるか分からないけれどと前置きして、清水さんの生霊が来たのだと伝えた。

証拠として抜け落ちていた歯も見せた。

「あの人にはくれぐれも、気を付けてね」

若い子に念を押す。

「辞めてから数日して、彼も辞めたらしいんです。今は何処でどうしているか分かりません。ただ――」

近いうちにまた光下さんの前に現れる予感がしているという。

できればその前に海外に逃げたい。そう光下さんは打ち明けた。

血よりも濃い

エステティシャンの綾香さんは幼い頃に母を亡くしてからというもの、千葉県某所のマンションで父と二人暮らしをしていた。

思春期には一時的に諍《いさか》いが増えたこともあったが、それでも思いやり深い父のサポートのおかげで無事専門学校を卒業、千葉市内の美容クリニックに就職できた。

父娘揃ってアウトドア好きということもあり、年に数度は二人で登山やキャンプに出かけるほどの仲の良さだったという。


昨年、ある初夏の日の出来事。

「天気もいいし、今日は軽くピクニックでもしようか」

朝食の席で父が言った。

綾香さん達親娘の間でピクニックといえば相場は決まっている。

マンションの目の前にある小山である。

山よりはむしろ丘と言ったほうがしっくりくる形状で、頂上までは一時間と掛からない。

昔から父と二人、何度となく遊びに出かけた場所だ。

ただここ数カ月というもの、綾香さんは付き合いたての彼氏と会うのが楽しみで仕方なく、以前に比べると、父と過ごす時間は少なくなっていた。

「いいね。サンドイッチ作ろうか」

綾香さんが提案すると、父は実に嬉しそうな笑みを浮かべた。

「ビールとワインも持ってな」

綾香さん達は早速、身支度をし、出かけることにした。

元よりそう大仰な準備が必要な場所ではない。綾香さんは長袖のTシャツにジーンズ、父はといえば普段、散歩のときに着ているジャージ姿だ。

三十度を超える気候ではあったものの、爽やかな風が抜ける山道を歩くのは心地良い。

綾香さんも父も体力には自信があるから、一時間の山歩きなど、どうということはない。

あっという間に頂上に辿り着き、馴染み深い眺望を堪能する。

時間がやや早いためか、周囲に人影は見当たらない。

見晴らしのいい場所にシートを敷き、ビールで乾杯した。しばらくはお互いの仕事や綾香さんの交際相手について等、四方山《よもやま》話に花を咲かせていたのだが、そのうちに父がトイレに立った。

つまみのチーズを齧《かじ》りながら、綾香さんは何の気なしに周囲を見渡す。
と、二十メートルほど離れたところに一人の女性が立ち、こちらに顔を向けていること
に気付いた。視力のあまりよくない綾香さんには女性の顔立ちまでは分からなかったが、
笑っているように見えた。
おかしいな、と綾香さんは思った。さっきまでは確かに、誰もいなかったはずなのに。
女性の立っているすぐ後ろは急な傾斜になっており、ほんの一歩でも後退りすれば、足
を踏み外してしまいそうだった。
あんなところにいて大丈夫かな？
おまけに女性はふわふわした白いワンピースを着ていた。そう大した山ではないとはい
え、幾ら何でもそんな格好で頂上まで登ってくるだろうか。
「あっちに何かあるのか？」
いつの間にか戻っていた父が訝しげに訊ねた。
「女の人が……」と綾香さんが再度そちらを見ると、最前までいた女の姿がない。
「あれ？　つい一瞬前まであそこに立ってたんだけど」
「おいおい、本当か？　あの辺りはちょっと崖みたいになってるだろ？　足を滑らせでも
したら大事だぞ」

女性のいた場所まで小走りに近づいた父は、崖下の様子をジッと窺っていたが、

「おーい、ちょっと見てみろ」

と綾香さんに呼びかけた。

言われるがままに父の隣に立った彼女が崖下を覗き込んだところ、そこには無数のゴミが遺棄されていた。

空の弁当箱やペットボトル、酒瓶などが主だったが、水を吸ってぐずぐずになった段ボールや古雑誌、ＤＶＤのパッケージらしきものも確認できる。

それらに埋もれるようにして、一体の古ぼけたマネキンが横たわっていた。

綾香さんの全身が総毛立った。

マネキンは白いワンピースを着ていた。

「お前が見たのって、あれのことか？」

父が笑いながら言った。綾香さんは笑えなかった。そもそもどうしてこんな所にマネキンが捨てられているんだか分からない。ひょっとして自分は見てはいけないものを見てしまったのでは？　そんな不安が急速に膨らんで、動悸が激しくなった。

「ごめん、ちょっと今日はもう帰りたいかも。体調悪い」

顔面蒼白でそう訴える綾香さんに、父は怪訝そうな表情を浮かべつつも肩を貸し、二人

は山を下りた。

その日のことは悪い夢として綾香さんは割り切ることにした。不気味でもあり、また思い出の場所をあんなマネキンなんかに「上書きされてしまった」という忸怩《じくじ》たる気持ちもあったのである。

とはいえ日々の生活もあることだし、そういつまでも消沈してはいられない。綾香さんはこれまでと何ら変わらない毎日を送っていた。

違和感を覚えたのは、半月ほど経った頃のこと。

家の様子がおかしいのだ。

新型コロナウィルス流行の影響で、父は在宅ワークが主になっていた。綾香さんのエステサロンの仕事は不定休だが、基本的には昼前に家を出て夜遅く帰宅する。

そうして住み慣れた我が家に帰ってくると、出かける前と何かが違う。何処がどうと上手く言葉にはできないのだが、全くの部外者がつい先刻までこの家を我が物顔でうろついていたような、そんな雰囲気が漂っているのだ。

もしかするとこれは、と綾香さんは思った。

自分が留守にしている間、父が誰かを家に連れ込んでいるのではないか。

そうであるなら、その誰かとは十中八九、女性であろう。

男手一つで綾香さんを育ててきた父には、これまで浮いた話が一切なかった。交際相手の存在などは仄めかされたことすらなかったが、娘が自立したことで、自身の余生を考える気になったのだろうか。

だとすれば綾香さんにとっては嬉しいことで、父には幸せになってほしかった。自分達親娘にも新しい局面が訪れたのだ。

「お父さん、もしかしてだけど、彼女できた？」

ある日、綾香さんは晩酌中の父にそう訊いてみた。

すると父は一瞬の沈黙の後、悪戯がバレた子供のような笑みを浮かべた。

「ああ……実は、そうなんだ」

やっぱりか、と綾香さんは思った。

「いいじゃん。今度紹介してよ」

「……そうだなあ……」

「幾つ？　どんな感じの人？　写真とかないの？」

「……まあ、そのうち、な？」

どうにも歯切れが悪い。

実の父娘とはいえ、一個人の恋路にどうこう言える筋合いはないけれど、複雑な事情がある人なのかな？　と綾香さんは考えた。とはいえ現時点であまり突っ込んだことを訊くのは躊躇《ためら》われる。

「まあ、別に急がないけど、紹介はちゃんとしてよね」

分かった分かった、と父は面倒そうに手を振った。常にない父の様子に、綾香さんは一抹の不安を覚えた。


数日後、綾香さんは仕事に急なキャンセルが入り、いつもより大分早く帰宅した。

玄関の扉を開けたところで、リビングから父の声が聞こえた。

「大丈夫、あいつはどうせ今日も遅いからさ」

しまった、と思った。

どうやら彼女が来ているところに鉢合わせてしまったらしい。

とはいえ「そのうち紹介する」と言ってはいたのだし、折角だから挨拶しておこう。

靴を脱ぎながら足元を見遣る。

客人の履き物が何処にも見当たらない。

ということは、電話だろうか。

「お父さん、帰ったよ。電話中？　誰か来てるの？」

そう声を掛け、リビングに続く廊下を進む。

まだ宵の口だというのに父は相当に酔っているのか、綾香さんが聞いたことのない胴間《どうま》声《ごえ》で喋りまくっていた。

「手塩に掛けて育てたんだ。自分なんて二の次に、あいつの幸せだけを願ってた。遮二無二働いて、だけど親子の時間を決して蔑《ないがし》ろにはしなかった。我ながらいい親父だよ。そう思うだろ？　それなのにあの糞餓鬼、一丁前に男なんぞ作ってやがる。『お父さん、私彼氏ができたの』なんて。ふふふ、小便臭いねんねの癖して笑わせやがる。アバズレだよ、本当に。そこに関しちゃ、母親にそっくりだ。血は争えないねえ」

リビングのドアノブを握りしめたまま、綾香さんは硬直していた。

愚痴などというレベルではなく、殆ど悪口雑言である。

電話ではない。明らかに、目の前にいる誰かに向けて発された言葉であった。

ドアノブに掛けた手が震えた。確かに父には迷惑を掛けた。彼氏ができたと報告した際、あまりいい顔をしなかったのも覚えている。だとしても、流石にこれはあんまりだ。涙で目の前が霞んだ。

「だからね、いい加減おっぽり出してやるつもりなんだ。お誂《あつら》え向きに盛りの付いた男を引っかけたみたいだし、今後はそっちに尻尾振って生きていきゃあいいんだよ。ワンコロみたいにさ」

ゲハハハという下品な笑い声を耳にした途端、綾香さんの全身がカーッと熱くなった。

ああ、そうですか。

そこまで言うなら、今すぐにでも出ていくよ。

でもその前に、あんたの彼女の馬鹿面を拝んでやるから。

勢いよくドアを開け放つ。

喉元まで出かかった罵倒の言葉は、飲み込まれた。

ダイニングテーブルの前に父が腰掛けている。目の前には焼酎の瓶とスナック菓子の袋が置かれ、部屋中に煙草とアルコールの臭いが充満していた。

その正面、普段であれば綾香さんの定位置である席に、女が座っていた。

というか、座らされていた。

心持ち顎を上にして、虚ろな双眸を何もない空間に向けている。

白いワンピースに見覚えがあった。

あのマネキンだった。

「要するに親子の情なんて、血の繋がりなんて、所詮そんな程度のものでしかないんだ。

君と出会って、ようやくそのことに気付いたよ。血よりも濃い絆、っていうのかな？　これからが、俺の本当の人生だから」

絶句し立ち尽くす綾香さんを無視して、父はマネキンに語りかけていた。

気付いたときには、綾香さんは恋人の部屋の前でうずくまっていたという。

自分でも知らないうちに恋人に電話を掛け、支離滅裂なことを喚いていたらしい。心配した彼は仕事を早退《び》きして駆けつけてくれた。

「それはつまり……お父さんと喧嘩をしたとかそういう……」

綾香さんの話を聞き終えた恋人は明らかに困惑しているようだった。

「違う。今話した通りなの」

「山で見たマネキンをお父さんが拾ってきたってこと？」

「そんなこと、私には分からないよ」

「……じゃあさ、とりあえず今日はもう寝て、明日一緒に綾香ん家《ち》行ってみよう？　俺も仕事休むから」

恋人がそう提案してくれたものの、綾香さんは気が進まなかった。

とはいえ熱いシャワーを浴び、ひと心地付いたところで改めて考えてみると、父がああなってしまったのには相応の理由があるのかもしれなかった。悩みを相談できる友人もおらず、仕事もリモートになったせいで、ここ最近は家に籠もりきりだった。かく言う自分も恋愛にかまけて、父に寂しい思いをさせていたのでは？

病院、という言葉が綾香さんの脳裏をよぎる。

そう、病院だ。父はきっと日々の生活に倦《う》み疲れてしまったのだ。

明日は恋人の言う通り、自宅に帰ろう。そうしてきちんと話を聞いてあげれば、あの優しい父が戻ってくるに違いない。今度は私が父を支える番なんだ……。

翌朝、二人は綾香さんのマンションに向かった。

部屋の前に立ち、深呼吸してインターホンを押すも、応答はない。

「留守にしてるのかな？」

恋人がドアノブに手を掛けると、鍵は開いていた。

「ひょっとして私が飛び出したときのままなのかも……」

昨日の光景を思い出し、綾香さんは思わず身震いする。

「ごめん、やっぱり怖い……」

「……じゃあ、ひとまず俺が様子を見てくるよ」

「うん、すぐに戻るから」

「大丈夫？」

と言って入っていったものの、恋人は一向に出てくる気配がない。

部屋の中からは物音一つしなかった。

十分程経った頃、綾香さんのスマホが振動した。

恋人からのメッセージだった。

文面はただ一言。

『もう大丈夫だよ』

綾香さんは混乱した。一体何がどう大丈夫というのだろう？

「今どういう状況？」と返信すると、すぐに既読が付いた。

『もう大丈夫だよ』

『もう大丈夫だよ』

『もう大丈夫だよ』

『もう大丈夫だよ』

立て続けに同じメッセージが連投され、綾香さんはスマホを取り落としそうになった。

絶対に、どう考えても大丈夫じゃない。

しばし黙考した後、綾香さんは半開きのドアから室内を覗き込んだ。

廊下の奥、リビングへと通じるドアは全開にされ、中の様子が丸見えになっている。ダイニングテーブルの昨日と同じ位置に父が座り、何事かをブツブツと呟いていた。いつもよりやや憔悴している様子だが、うっすらと開かれた口は、確かに恍惚とした笑みを湛えている。

父の向かいにはあのマネキンが、やや小首を傾げた姿勢で腰掛けている。まるで父の言うことに耳を傾けているようだった。

その二人ではなく、一人と一体に挟まれるようにして、手に持ったスマホを一心不乱に操作する恋人の姿が見えた。

更に二度、手の中でスマホが震えた。

ポップアップ通知に表示されたメッセージには、こうあった。

『もう大丈夫だよ』

『家族になったから』

綾香さんはマンションを出ると、その足で職場の先輩の家に向かい、数日後にはマンスリーマンションを契約した。長年の実家暮らしが幸いし、ある程度の貯蓄もあったため、当座の生活には困らなかった。

私が取材した際、綾香さんは、一人暮らしにもやっと慣れてきたところだと語っていた。仕事も順調で、近いうちに都内にある別店舗の店長を任されることが決まったらしい。

一度だけ、恋人からメッセージが届いたという。

『いつ帰ってくるの？』

それ以来、彼女は父と恋人、双方からの連絡を絶っている。

彼らは一体、今頃どうなっているのだろう？

そう訊ねたところ、綾香さんは不思議と明るい調子でこう答えた。

「血よりも濃い絆を見つけたんじゃないですか？　私にはよく分からないけど、きっとそれで満ち足りてるんですよ、あの人たちは」

下顎

　ある日、甘塚さんは、もう寝たきりになって一年以上経っている祖母から、病室に呼び出された。

　仕事で忙しい時期だったが、すぐに戻れという。

　来年には百歳になる親族最高齢の頼みだ。理由を訊ねると、言伝を頼まれた従兄弟からは、お前が一番年下の孫だからと言われた。

　死期でも悟ったか。甘塚さんはすぐに田舎に戻った。


　病室で祖母に面会すると、彼女は挨拶もそこそこに、頼み事があるのだと打ち明けた。

「洋ちゃんの家のお向かいの家に預けてあるものを、取ってこないといけないの」

　洋ちゃんとは、祖母の次男、つまり甘塚さんにとっては上から二番目の伯父に相当する、洋次という人物だ。彼が暮らしているのは、祖父と祖母がずっと暮らしてきた家で、伯父や甘塚さんの父にとっては実家になる。

　その家には、子供の頃に何度も遊びに行ったことがある。向かいの家は、まだ甘塚さんが小学校に上がった頃には、小さな八百屋を営んでいた記憶があるが、既に四半世紀以上前に廃業して、店主の家族も別の場所に引っ越しているはずだ。もう人が住まなくなった店舗にはずっとシャッターが下ろされている。

そう懸念を口にすると、祖母は大丈夫だと断言した。

「ところで荷物って何？」

「お父さんの先妻さん達の骨なんだけど」

「骨ぇ？」

訊き返すと、祖母は引き攣《つ》ったような笑い声を上げた。

彼女の言うお父さんとは祖父のことだ。甘塚さんが生まれる前に他界しているので面識はない。噂ではとんでもなく破天荒な人だったようだ。

ただ祖父の話は、両親や伯父伯母、従兄弟達に聞いても歯切れの悪い答えしか返ってこないので、具体的にどのようなエピソードがあるのか知っている訳ではない。

しかし、先妻さん達、というからには、祖母と結婚する前に、先妻が複数いたということか――。

そんなことを考えていると、祖母は何か察してくれたらしい。

「お父さんは、私と結婚するよりもずっと昔に、二人の人と結婚して、どちらも早くに亡くしたのよ」

祖母は要点だけ伝えてくれた。だから正確なことはよく分からないが、祖父が最初に結婚したのは、戦中か戦後すぐのことのようだった。

「まぁ、いいや。とりあえず取ってくるよ。骨って、骨壺か何かに入ってるの？」

「そういうちゃんとしたのじゃないけど、二つともボール紙の箱に入って、風呂敷に包んであるから」

祖母は、これくらいの大きさだと言って、親指と人差し指でU字を作ると、それを自分の顎に当てた。


自宅に戻り、両親に祖母から頼まれたことを伝えた。

「そうか。それなら洋ちゃんに連絡しないと」

甘塚さんの父親も七十歳だ。祖母の二番目の息子である洋次さんも、既に八十歳になろうとしている。向かいの店主の連絡先など分かるのだろうか。

そう言うと、父親はそこは大丈夫だろうと答えた。彼の説明では、店舗は今でも倉庫のように使われており、廃墟という訳ではないらしい。

「しかし、お袋も、やっとあの骨をどうにかする気になったんだな」

口調から、何か厄介なものなのだろう。

「俺達が死んだら、親父のことを知ってる人間も、もう殆ど消えるな」

父は深く溜め息を吐いた。果たして祖父は一体何をやらかしたのだろうか。

「そうか。英ちゃんはお前に親父のことを言ってないのか。まぁ、そりゃそうか。気持ちが悪い話だもんな」

伯父は笑い声を上げ、途中で大いにむせた。

彼はすぐに向かいの店舗の持ち主に連絡をしてくれた。間もなく来るというので、そのまま待たせてもらう間、祖父の話を色々と教えてもらった。

「うちの親父は怖い人だったよ。すぐ目か手かのどちらかを選べなんて言うんだぜ。兄貴なんて、親父が怖くて今じゃ海外に行ったまま帰ってこないだろ」

一番上の優一伯父は、ブラジル在住だ。甘塚さんは彼とは面識がない。どうも祖父の葬式のときに一度帰国したが、それ以外は帰国したことはないはずだという。

「親父の葬式も酷かったな。親父が死んだといって、ドライアイス漬けになって運ばれてきたときには、両手首から先と両足首から先がなかったからな」

どうもその手足も、生前失われたのか、死後に失われたものなのかは結局教えてもらえなかったらしい。

「すぐ目か手を選べなんてこと言うから、そんなことになんだよ」

伯父は顔の片側を歪ませて笑った。

他にも祖父が肉を食わなかったという話をしてもらえた。理由を訊ねると、食っちゃいけない肉を食ったからだといつも答えていたという。

「親父の背中とか腕とか、鉋《かんな》で削り取られたような傷があったな。それについては、どうしても教えてくれなかったけど、俺は親父が肉を食わない理由の一つだと思ってるよ」

伯父はとんでもない話を幾つも教えてくれたが、どれも初耳だった。父親はずっと祖父については黙ったままだったからだ。

ただ、この話を聞いても良かったのかについては、甘塚さん自身には判断ができなかった。


一時間ほどで、向かいの店を管理しているという若い男性が現れた。

「奥様からお預かりしているものについては、ちゃんと保管してありますから、御安心下さって大丈夫ですよ」

奥様とは、祖母のことだろう。甘塚さんは頭を下げた。

「――俺もよく知らんのだけど、向かいの店は、元々親父が博打で手に入れたのを、この子の爺さんに安く譲ってやったのが最初らしくてな。それが縁で、二階の一室がうちの倉庫になってんだよ」

伯父が説明してくれた。

「ええ。もうお預かりしているのは、その風呂敷包みだけですね。うちの荷物はまだありますが――」

若い男性は、店舗のほうへ移動するように促した。

店舗には電気もガスも通っていないらしく、彼が持参した懐中電灯を頼みに、急な階段を上る羽目になった。

二階には部屋が三つあり、一番狭い部屋が、甘塚の倉庫になっているらしい。

「三十年くらい前かな。店を畳むからって、引っ越し屋に頼んで、お袋の荷物以外は、全部撤去したんだよ。お袋がどうしても家には置きたくないって言ったし、英ちゃんも嫌がったから、ずっと置きっぱなしになってたんだが、一体中には何が入ってるんだ？」

意外なことに、伯父はその荷物の中身が何かを知らなかったらしい。

病室に風呂敷に包まれていた白いボール箱を持参した。二つの箱には、それぞれ鉛筆書きで、〈ひいらぎ〉〈あやめ〉と書かれていた。

「よく持ってきたね」

祖母は甘塚さんにポチ袋を渡そうとしてきた。もう四十歳近くになるというのに、こんな形で祖母から小遣いを貰う訳にはいかない。必死に断ると、なら売店に行ってジュースでも買ってきなと、百円玉を二枚くれた。子供扱いにも程があるが、そちらは好意として受け取っておいた。

「その箱を開けて御覧よ」

祖母が促すので、恐る恐る〈あやめ〉と書かれたほうの蓋を開けると、白い下顎の骨が姿を現した。

「お父さんには、あたしが死んだときに、その骨も一緒に棺桶に入れて焼いてくれって言われたけど、どうしたもんだろう」

祖母の口調はやけに固かった。

「あの人はねぇ──」

先妻が亡くなるたびに、その下顎を舌と一緒に抉り取って、煮て食べたのだと祖母は教えてくれた。

そういう風習なのか、宗教的なものか、それとも何か迷信めいたものがあるのか、祖父には理由があったのだろうが、祖母自身は知らないのだと漏らした。

「あたしも死んだらそうされるのかと思ってたのにねぇ、でも嫁に来て十七で優ちゃんを産んだときに、お父さんから、お前は食わんって言われてね。気が付いたらこんな歳になっちゃっててね」

本当は、お父さんに食べてほしかったのに。

機会がなくなってしまって。

口惜しいったらないの。

だから、せめて一緒に焼くなら、二人の女の骨は、あたしの足元に置いてちょうだい。

それが甘塚さんが祖母と交わした最後の言葉だった。


祖母は、それから一週間と経たずに亡くなった。甘塚さんは再び休みを取り、故郷にとんぼ返りである。

身内だけの葬儀だったが、優一伯父には連絡が付かなかったらしい。喪主は洋次伯父だった。

葬儀の最後に、例の二つの箱を、祖母の遺体の足元に置いた。祖母の遺言だ。手向けとしてそれくらいはしてやろう。そう考えたからだ。

親族で火葬場へと移動し、火葬炉へと祖母の棺桶が入っていくのを見送った。

「あらあら、仲の良いこと」

顔面にヘルペスをやって以来、顔の半分が麻痺して動かなくなった大叔母――祖父の妹――が、焼き上がった義理の姉の骨を見て、聞き取りづらい声でそう繰り返した。

祖母の首のあったであろう箇所の周りには、ネックレスのように焼け残った歯が散らばっていた。その中に形をしっかりと残したままの下顎の骨が三つ重なっていた。

大叔母は含み笑いなのか何なのか、喉から不快な音を立て続けた。

下顎の骨と対照的に、祖母の喉仏の骨は砕けて形も残っていなかった。

骨上げでは、祖母の骨、先妻二人の顎の骨、それら全てを一つの骨壺に収めた。

それは大叔母が管理し、後日祖父の入っている墓に納めることになるようだ。

だが、精進落としの会席では、酔っ払って真っ赤になった伯父と父親が、自分が入るためには別の墓を買ってあるのだと、笑い合っていた。

家族写真

とある大学の総合職をしている梶さんの人生は、概ね順風満帆だった。

中堅どころの私大を卒業後、現在の安定した職に就いた。奥さんとは職場恋愛の末に結婚し、可愛い娘さんにも恵まれた。

都心からは少し離れているものの、郊外のベッドタウンに一戸建てを買った。休日には趣味のカメラをいじってみたり、気が向けば昼間からワイングラスを傾けたりもする。

梶さんは、自身の生活を満ち足りたものと感じていた。


四年前の秋口のこと。

梶さんが一人家でテレビを観ていると、玄関のチャイムが鳴った。

おーい、といつもの癖で妻に声を掛けそうになるが、そういえば今日は娘を連れてデパートに行っているのだった。

再び、チャイムが鳴る。

梶さんは重い腰を上げ、玄関に向かった。

そこにいたのは、妻の妹さんだった。

意外だった。というのも妹さんは前職で上司から手酷いパワハラを受け、重度の鬱病を発症、それが原因で仕事を辞め、実家で引き籠もりのような生活をしていたのである。

「あ、お久しぶり。今あいつ、娘と買い物に出ていて……」

梶さんの声が聞こえていないかのように、妹さんは無言のまま彼の横をスッと通り抜け、リビングのほうへと歩いていった。

脇を通ったとき、微かに糞便の臭いがした。

様子がおかしい。

妻に電話を掛けるべきか迷ったが、目を離す訳にはいかない。

踵を返し、リビングに戻った。

と、一瞬の間に妹さんはダイニングテーブルの前に腰掛け、何かを眺めている。

見れば、それは梶さん一家の家族写真であった。

数カ月前、娘のお食い初めの席で撮ったものだ。場所はこのリビングである。

ソファーに腰掛け、穏やかに微笑む妻。

彼女に抱かれて、歯が生え始めたばかりの娘が、カメラに顔を向けている。

妻の両脇と後ろでは、双方の両親がやはり笑顔を浮かべている。

写真を撮ったのは梶さんだ。

絵に描いたような幸せを切り取った一枚だった。

そのお祝いの席に、妹さんはいなかった。

義父母はそれを気に病んでいたけれど、梶さんは別にどうでもよかった。むしろ、いなくてよかったと思った。娘の晴れの場で、心神耗弱した「赤の他人」に気を使うのはまっぴらだ。

今そのときの写真を、妹さんがジッと見つめている。

我知らず、梶さんは身震いした。両腕に鳥肌が立っていた。

梶さんの位置からでは、妹さんの横顔しか窺えない。

その顔が、妙にどす黒い。

「おうっふ……んぐっ……」

押し殺した声が梶さんの耳に届く。

泣いているのか？　あるいは。

「ぎぎぎ……うわぁ……」

笑いを噛み殺しているような。

「ん、ぐひぃ……ひひひひ……」

やはり只事ではない。

妻に電話を掛けたほうがいい。

それとも実家か、ことによると救急車が必要になるかもしれない。

状況の異様さに、本能は警鐘を鳴らしている。理由は分からないが、今すぐこの場を離れるべきだ。けれどいくばくかの理性が、ごく常識的な判断を梶さんに強いる。

梶さんはポケットからスマホを取り出した。

ほぼ同時に、妹さんがこちらに顔を向けた。

両の眼球は零れ落ちそうなほど迫り出し、力なく開いた口からは鬱血しパンパンに膨れ上がった舌が覗いている。顔中に、腐れたバナナのような黒ずみが浮いていた。

妹さんは、いや、それは、手にしていた家族写真を梶さんのほうに向けた。

「こいつは、死ぬ」

そう言って指差したのは、写真の中で破顔する義母である。

「こいつも、死ぬ」

続いて義父を。

「こいつも、こいつも死ぬ」

梶さんの両親を。

その指が、今度は妻の顔にあてがわれた。

「こいつも、死ぬ」

あまりのことに硬直していた梶さんは、そこでようやく我に返った。

何が起きているのかは分からない。けれどこの流れでいくと、次に指差されるのは、確実に我が娘である。それだけは、絶対に避けねばと強く思った。

深呼吸し、丹田にぐっと力を込める。

「お、お前……いい加減にしろ!!」

自分でも吃驚するほどの大声が出た。

それの動きが止まった、かに見えた。

「はぁあぁぁぁあ……」

と長く尾を引く溜め息のような声を、それは発した。

「これは、もう死んでる」

くるくると、写真の中の娘を指で囲う仕草をした。


ハッと気付いたら、梶さんはリビングのソファーに横たわっていた。

全身にべっとりと汗を掻いている。夢だったのか、と安堵した。

何かを握りしめていた。くしゃくしゃになった写真だった。

見たくないと思った。夢ならもう覚めてくれと願った。

現実だった。

妻の顔は、影が差したようにくすんでいた。両親も同様である。

娘の顔には、腐ったバナナのような黒ずみが浮いていた。

全身に悪寒がした。反射的に写真を引き裂き、ライターで火を点けた。

スマホが振動した。

妻からだった。


乳幼児突発死症候群と診断された。要するに、原因不明なのだ。

多目的トイレで妻がオムツを替えた。直前までは元気だったはずが、ミルクを作るためのお湯を哺乳瓶に入れる、そのたった数秒で呼吸が止まっていた。

病院に搬送されるまでの時間で、娘の顔はどす黒く変色していた。梶さんは、間に合わなかった。蘇生措置の甲斐なく、短い生命を終えた。

妻の妹は、梶さんの前に現れたその三日前から行方不明になっていた。

部屋から見つかった日記帳の最後の頁には、

「全部モウやめサセます」

と一言だけ書かれていた。

現在に至るまで生死不明であるが、梶さんは確信している。

あの女は、もう死んでる。


娘の死から三カ月後、義父母が首を吊った。

娘の失踪と初孫の死。死を選ぶには十分な理由と思われたが、それだけではなかった。かつて義父が起こした事業の失敗、それに伴う借金が、未だ数千万単位で残っていたのである。梶さんはもとより、実の娘である妻ですらあずかり知らぬことであった。

梶さんの両親も死んだ。

孫を亡くした精神的ショックのせいか、まずは母がアルツハイマーを発症した。つい先日まで習い事に友人との食事にと飛びまわっていた母の認知機能は急速に衰え、一年もしないうちに息子の顔も分からなくなった。終日、部屋に閉じこもり、排泄も全てそこで済ませた。

介護疲れで倒れた父は、そのまま呆気なく逝った。くも膜下出血である。

父の死後、長く入所待ちだった特養に入った母もまた、三月と経たずに死んだ。誤嚥《ごえん》性肺炎と診断された。

更に数カ月後、妻に乳癌が見つかった。

目下、闘病中ではあるが、先行きは明るくないだろうと梶さんは言う。

「この写真、御覧になって下さい」

そう言って梶さんが取り出したのは、一枚の写真だった。

「これが全ての発端です。父母の遺品整理をしていたら、同じものが出てきました。今では娘だけじゃない、両親の顔も変わっているんです。どす黒い、バナナが腐ったような色に。妻の顔も、日に日にそうなっていくようです」

テーブルに置かれた写真に視線を落とす。

ソファーに腰掛け、穏やかに微笑む妻。

彼女に抱かれて、歯が生え始めたばかりの娘が、カメラに顔を向けている。

妻の両脇と後ろでは、双方の両親がやはり笑顔を浮かべている。

写真を撮ったのは、梶さんだろう。
何処から見ても、絵に描いたような幸せを切り取った一枚だった。

あとがき

～どうかしてる本～

こんにちは、蛙坂です。このたびは神沼三平太氏のお声がけにより、本書『実話怪談虚ろ坂』にて皆様の御機嫌を伺います。

本来、私は緩くてチャーミングな、藤子・F・不二雄先生いうところのＳＦ（すこし・ふしぎ）系怪談を愛する者なのですが、何の因果か、現今の実話怪談界でも最も重くて暗くて救いのない話を得意とする神沼氏に目を付けられ、こんなどうかしてる本に携わることになってしまいました。

執筆中、持病は悪化の一途を辿り、飼い犬（トイプー）には手を噛まれ、財布を落とし、スマホは破損、見ず知らずの老婆に唾をかけられたかと思えば、見ず知らずの老爺に足を踏まれました。酷い目にばかり遭いました。

とはいえこの長い長いだらだら坂を登り始めた以上、斯様な不幸を担うのは宿業と諦め、来年も皆様にどうかしてる話をお届けできたらと思います。

それでは、またお目にかかりましょう。

蛙坂須美

あとがき

～幸せな本～


今回の本は幸せな本だ。とにかく何よりも、共著者である僕が幸せだったのだ。

蛙坂さんから原稿が一揃いメールで届いた瞬間は忘れることができない。添付されていた原稿を貪るように読んだ。その読書中は、とても良い笑顔をしていたに違いない。

「おーい、蛙坂ぁ。年末に厭な実話怪談で殴り合いしようぜ！」

こんな雑で気持ち悪い誘い文句に、二つ返事で乗ってくれただけでも嬉しいことこの上ないのに、更にこの年末の実話怪談ファイトクラブのリングへ、高強度の話を全力で連ねてくるというジャンキーっぷり。蛙坂さんは本当にいい男だ。

そんな訳で、僕の方とて負けてはいられませんぞと、いつ使おうかと隠しておいた、とっておきの話まで投入することになってしまった。

結果、勝敗はどうあれ、ひと月の間、ずっと幸せな気持ちで怪談を綴ることができた。

願わくば、皆さんも僕と同様に、暗澹《あんたん》たる幸せな気持ちでいただければ幸いである。良いお年をお迎え下さい。

令和四年霜月末日　　神沼三平太

実話怪談 虚ろ坂

2023年1月3日　初版第一刷発行

著者……………………………………………………………………神沼三平太、蛙坂須美
カバーデザイン……………………………………………… 橋元浩明（sowhat.Inc）

発行人……………………………………………………………………………後藤明信
発行所……………………………………………………………………株式会社　竹書房
〒102-0075　東京都千代田区三番町8-1　三番町東急ビル6F
email: info@takeshobo.co.jp
http://www.takeshobo.co.jp
印刷・製本…………………………………………………………中央精版印刷株式会社

■本書掲載の写真、イラスト、記事の無断転載を禁じます。
■落丁・乱丁があった場合は、furyo@takeshobo.co.jp までメールにてお問い合わせください。
■本書は品質保持のため、予告なく変更や訂正を加える場合があります。
■定価はカバーに表示してあります。